**나는 오늘부터
영어 단어를
읽기로 했다**

읽으면 외워지는 속깊은 영단어

나는 오늘부터
영어 단어를
읽기로 했다

박진호 지음

푸른영토

오래전 국내의 한 유력 일간지에서 대한민국에서 영어를 배우고자 하는 학생이나 일반인이 영어 학습에 투자하는 돈이 수조에 이른다는 기사를 접한 적이 있다. 영어의 필요성이 더욱 절실한 요즈음 어린이에서 성인에 이르기까지 영어에 바치는 시간과 비용 그리고 유학 비용까지 합하면 그야말로 그 금액은 수십 조에 이르지 않을까 하는 것이 필자의 생각이다.

필자를 포함, 대부분의 세대들이 'I am a boy', 'How are you?', 'Fine, thank you, and you?'로 영어를 시작한다. 과거나 지금이나 우리나라의 영어 교육은 귀한 돈과 시간을 낭비하는 비효율적인 시스템을 고수하고 있다. 이런 시스템에는 반드시 변화가 필요하다.

영어는 그리스 로마의 영향과 더불어, 기독교와 성경의 헬레니즘, 이슬람 문명, 셰익스피어 같은 대문호 그리고 인도의 범어 등, 다양한 언어와 문화가 녹아 있는 용광로와 같다. 영어를 잘하기 위해서는 말하기, 쓰기, 듣기 같은 삼위일체도 중요하지만 많은 어휘를 암기하고 그와 관련한 정확한 뜻을 알고 자기 것으로 만드는 것이 무엇보다 중요하다.

부족하나마 필자는 이 책을 통해 다양한 역사와 문화와 관련한 영어 표현들에 숨어 있는 유익하면서도 흥미진진한 이야기들을 파헤쳐 독자들에게 들려주고자 했다. 이 책을 통해 독자는 단순 암기식의 딱딱한 학습에서 벗어나 각 영어 표현들이 가진 재미있는 어원을 함께 살핌으로써 상식의 폭도 넓히면서 해당 표현들을 효과적으로 익힐 수 있을 것이다.

영어는 만국공통어다. 더욱이, 입시생이나 취업 준비생, 각종 국가 공인시험을 준비하는 이들에게 영어는 필수다. 이 책은 이런 학생들에게 다양한 영어 표현들의 기본적인 개념을 알려 주는 유용한 책이 될 것이다. 또, 학창시절, 영어를 좋아하고 관심이 많았던 일반인들에게는 좋은 교양서의 역할도 할 수 있을 것이라 믿는다. 아무쪼록 이 책을 통해 학습자들이 영어에 대한 흥미를 계속 유지할 수 있기를 바란다.

들어가는 말 | 4

읽으면 외워지는 속깊은 영단어

나는 오늘부터
영어 단어를
읽기로 했다

일러두기

이 책은 숙어 단어에 대한 유래를 기본으로 하고
본문에 **별색으로 표기된 단어**는
회화, 숙어와는 관계없는 순수 단어 암기 위주로 편집되었습니다.
예를 들어 '널리 퍼지게 되었다'를 번역하면 'Became widespread'이지만
'널리 **스프레드**(spread 퍼지게) 되었다'란 식으로 편집되었습니다.

이 책의 한글로 표기된 원어민 영어 발음은 **네이버 파파고**의 표기를 따랐습니다.

a good judge of character
사람 보는 눈이 있는 사람

누군가를 만나 몇 마디 말만 건네 보면 그 사람의 **퍼서널리티**(personality 성격)나 **에저케이셔널 백그라운드**(educational background 학력)까지 **인투어티브**(intuitiv 직관적)로 파악하여 정확하게 **이밸류에이션**(evaluation 평가)하는 **킨**(keen 날카로운)한 안목을 가진 사람을 a good judge of character(어 구드 저널 어브 셔레이터)라고 한다. 우리가 흔히 '판사'라는 의미로 알고 있는 judge(저지)에는 '심판, 감정가'라는 의미도 있다. 그래서 a good judge of antiques(어 구드 저지 어브 앤틱스)라고 하면 '골동품 보는 눈이 있는 사람'을 의미한다. 요즘 **패션**(fashion 유행)하는 「슈퍼스타K」나 「British Got Talent」 같은 경연 프로그램에서의 심사 위원도 judge라 한다.

Tom is a good judge of character; he can tell a person's character for a mere 5 minute conversation.
톰은 사람 보는 눈이 있다. 그는 5분간의 대화만으로 사람의 성격을 파악할 수 있다.

002 ● addict
중독되다

 이 단어는 라틴어의 '노예'라는
뜻의 additus(애더터스)에서 왔
다. 로마의 **소울저즈**(soldiers 병
사들)는 전투에서의 '뛰어난 활
약(fine performance)'에 따라 그에 상응하는 보상으로, 잡힌
포로를 노예로 분배받았다. **앨커할**(alcohol 술)이나 **나아카틱**
(narcotic 마약)에 중독되는 것은 약물의 노예가 되는 것과 같
기에 addict(애딕트)라는 말이 나온 것이다.

*They were shocked to discover that their daughter was a
heroin addict.*

그들은 자신들의 딸이 헤로인 중독자라는 것을 알고 충격을 받
았다.

003 — aggravated sexual assault
가중 성폭행

레입(rape 강간)의 정식 법정 용어는 **섹슈얼 어솔트**(sexual assault 성폭행)와 **섹슈얼 배터리**(sexual battery 성추행)로 나뉜다. rape는 그 자체가 '**시어리어스 크라임**(serious crime 중대한 범죄)'으로 취급되어 엄한 벌이 내려진다. 더욱이 강간 피해자가 13세 이하의 아동이나 **피지컬리**(physically 신체적), 정신적으로 장애를 가진 자일 경우나 여러 명이 공모해 **갱 레입**(gang rape 집단 성폭행)한 경우, **웨펀**(weapon 무기)을 사용해 victim(빅팀)의 신체에 해를 입힌 경우에는 죄질이 특히 나쁜 것으로 간주, 더욱 무거운 가중 **페널티즈**(penalties 처벌)가 내려져 최고형까지 선고된다.

alligator
악어

악어를 나타내는 **워드**(word 단어)로 크게 crocodile(크라커다일)과 alligator(앨러게이터)가 있는데 자주 **컨퓨전**(confusion 혼동)되어 사용되는 단어다. 둘 다 파충류에 속하는데 엄밀히 구분하면 확연히 다르다.

먼저 crocodile은 전 세계적으로 분포하며 주로 바닷가에 서식한다. 대가리가 길고 V자 형태이며(V-shaped), **마우쓰**(mouth 입)를 다물었을 때는 네 번째 이가 튀어나와 한층 **어그레시브**(aggressive 공격적) 하다. 반면에 alligator는 미국과 중국에 분포하며 주로 강가에 서식한다. 대가리가 짧고 넙적한 U자 형태다(U-shaped).

alligator는 스페인어 el lagarto in India에서 왔는데 el lagarto(엘 라가르토)는 '**리저드**(lizard 도마뱀)'라는 뜻이며, el lagarto in India는 '인도에 사는 도마뱀'이라는 의미다.

005 — at the drop of a hat
즉시, 곧바로, 순식간에

1800년대 서부 시대에는 거의 대부분의 **멘**(men 남자)들이 **햇**(hat 모자)을 쓰고 다녔다. hat은 **레인**(rain 비)을 피하거나 **선**(sun 태양)을 가리는 용도로만 쓰이는 것이 아니다. 당시에는 **로**(law 법)가 잘 **오어거나이즈**(organize 정비)되어 있지 않아 걸핏하면 **두얼**(duel 결투)이 벌어졌고, 그 duel의 시작을 알리는 신호로 **행커치프**(handkerchief 손수건)나 모자를 잡은 **핸드**(hand 손)를 앞으로 내뻗었다가 아래로 잽싸게 내리는 동작을 취했다. 비슷한 **익스프레션**(expression 표현)으로 at the snap of the finger, in the blink of an eye(앳 더 스냅 어브 더 핑거 인 더 블링크 어브 앤 에이)가 있다. 이 뜻은 '눈 깜짝할 사이에'인데 snap the finger는 누군가를 부를 때 **핑거**(finger 손가락)를 '따닥' 부딪혀서 **사운드**(sound 소리)를 내는 것을 말하며, blink an eye는 '눈을 깜박거리다'라는 의미로 지극히 짧은 **타임**(time 시간)을 나타낸다. at the snap of the finger는 in the snap of the finger라고 쓰기도 한다.

sign the contract at the drop of a hat
아무 망설임 없이 계약을 체결하다

21

ATM(automated teller machine)
현금 자동 지급기, 현금 인출기

teller(텔러)는 '은행 창구 직원'을 말한다. 1967년에 처음으로 ATM이 등장했을 때 이 **머쉰**(machine 기계)을 이용하는 **클라이언트**(client 고객)는 사람들과 **페이스**(face 얼굴)를 마주치기를 꺼리던 **프라스터툿**(prostitute 매춘부)과 **갬블러**(gambler 도박꾼)뿐이었다고 한다. ATM기를 다른 말로 'CD기'라고도 하는데 **캐쉬 디스펜서**(cash dispenser 현금 지급기)의 줄임말이다. dispense는 '공평하게 똑같이 분배하다'라는 의미의 동사다.

bankrupt
파산

14세기 이탈리아의 피렌체(Florence)나 베네치아(Venice)는 **커머셜**(commercial 상업)의 중심지로 세계 각지에서 온 **머천트** (merchant 상인)들이 몰려들어 **트레이드**(trade 교역)가 이루어지던 곳이다. 여러 나라의 **머니**(money 화폐)가 사용되었기 때문에 **익스체인지**(exchange 환전)를 전문으로 하는 상인들도 생겨났다. 환전이 이루어진 **플레이스**(place 장소)는 주로 **파아크**(park 공원)의 벤치였는데 이탈리아어로 '벤치'를 뜻하는 banco라는 **워드**(word 단어)는 '은행'이라는 뜻의 bank(뱅크)가 나왔다. -rupt는 '부서진, 찢어진'이라는 의미로, bankrupt(뱅크럽트)는 '부서진 벤치'라는 뜻이 되어 '파산'이라는 의미가 되었다.

화산재 같은 것이 '분출하다'는 의미로 erupt(이어럽트)이라는 표현을 쓰는데 이 단어는 '밖으로'라는 뜻의 ex-와 '부서진 틈'을 의미하는 -rupt가 결합해 만들어졌다. 명사형은 eruption(이어럽션)이다. '부패'를 뜻하는 corrupt(커럽트)는 '함께'라는 의미의 co-와 -rupt가 결합해 만들어진 단어다. 수도관 등의 '파열'이나 관계의 '벌어짐'을 뜻하는 단어로는 rupture(럽처)가 있다.

옛 중국인들이 자신들만이 **컬처**(culture 문화)를 가진 민족이라 여겨 중화(中華)라 자처하고 타민족을 문명이 없는 **언시벌라이즈드**(uncivilized 미개한)하고 **프리머티브**(primitive 원시적인)한 오랑캐라 불렀듯이, 고대의 그리스인들은 자신들이 보기에 그리스어를 쓰지 않는 주변의 이집트인이나 페르시아인(Persian), 마케도니아인(Macedonian)은 미개한 야만인이라 생각해 멸시했다. 자신들이 듣기에 이런 야만인들이 쓰는 **랭귀지**(language 언어)가 그들의 귀에 bar, bar, bar 하고 **고우트**(goat 염소)가 우는 듯이 들려 그리스어로 barbaros, 즉 **배블러**(babbler 수다쟁이)라 하였는데 이 barbaros(바아바아로우즈)에서 barbarian(바아베어리언언)이 유래했다.

The walled city was attacked by barbarian hordes.
그 성곽 도시는 야만인 무리로부터 공격을 받았다.

basket case
무능력자, 정신이상자, 쓸모없는 사람, 구제불능

1차 세계 대전 때 팔다리가 모두 **컷**(cut 절단)되어 **크리펄** (cripple 불구자)이 된 병사를 **배스컷**(basket 바구니)에 넣어 운반한 데서 나온 **슬랭**(slang 속어)이다. 한때는 사지가 절단된 **디세이벌드**(disabled 장애인)를 가리키는 말로 사용되었지만 지금은 장애인을 **더라거토리**(derogatory 비하)하는 표현으로 금기시되고 있다.

대신 '제정신이 아닌 미친 사람' 또는 '정치, 경제적으로 엉망인 나라'를 나타내는 말이 되었다. 정신 이상으로 정신병원에 갇히면 평생 동안 버들고리로 basket을 짜면서 지냈다는

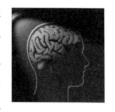

데서 basket case(배스컷 케이스)가 나왔다는 설도 있다.

John became a basket case after his divorce.
존은 이혼 후에 폐인이 되었다.

The economy of Nicaragua is such a basket case.
니카라과의 경제는 정말 엉망진창이다.

bedlam
아수라장, 대소동

13세기 중반 영국 런던에 베들레헴 성모(St. Mary of Bethlehem) 정신병원이 있었다. 본래는 **프라여이**(priory 수도원)이었으나 차츰 중증의 정신병자를 돌보는 **퍼실리티**(facility 시설)가 되었다. bedlam(베들럼)은 이 Bethlehem(베들레헴)이 발음하기 쉬운 형태로 변형된 것이다.

이렇듯 어렵고 긴 단어가 짧게 축약되는 것을 **컨트랙션**(contraction 축약)이라 한다. bedlam에서는 소란스럽게 날뛰는 **페이션트**(patient 환자)들을 비인간적으로 다루었고, 이런 광경을 즐기려는 **웰씨**(wealth 부자들)에게 **투어리점**(tourism 관광)의 명소가 되었다.

His speech caused bedlam.
그의 연설은 대혼란을 야기했다.

bellwether
무리를 이끄는 사람, 전조(前兆)가 되는 것

wether(웨더)는 옛 영어로 '**캐스트레이티드 램**(castrated ram 거세한 양)'을 가리키는 말이었다. 또 원래 '**어 이어**(a year 한 해)'를 나타내어 태어난 지 일년 정도 된 **램**(ram 숫양)이나 **캐프**(calf 송아지)를 가리켰다. 양을 sheep(쉽)이라 하는데 숫양은 ram이라 한다. calf는 송아지를 뜻하며, veal(빌)은 태어난 지 3개월 정도 된 식용 송아지를 가리킨다. **셰퍼드**(shepherd 목동)들은 이 ram을 다른 양의 무리를 이끄는 우두머리를 삼았고, 이 우두머리 양이 어디에 있는지 알기 위해 목에 **벨**(bell 방울)을 달았다.

이 bellwether(벨웨더)는 오늘날에 이르러서는 많은 사람들 앞에서 방울소리 같은 큰 소리로 선두에 서는 사람을 경멸적으로 부르는 말이 되었고, 어떤 사물이나 **트렌드**(trend 동향)가 전체적으로 큰 유행이 될 조짐이 보이는 것을 나타내는 단어가 되었다.

27

blacklist
블랙리스트, 살생부

왕위에서 폐위된 후 1660년 복위된 영국의 찰스 2세 왕은 **배설**(vassal 신하)들에 의해 **레저사이드**(regicide 시해)된 자신의 **파더**(father 아버지) 찰스 1세의 복수를 위해 아버지에게 사형 **버딕트**(verdict 판결)를 내린 67명의 **저지**(judge 판사)들의 명단을 적은 후, 복위 후에 **블러드**(blood 피)의 복수를 한다. 이때의 복수 대상자 명단을 blacklist(블래클리스트)라 한 데서 '감시 대상 명단, 요주의 인물 명단'이라는 의미가 생겨났다.

regal(리걸)은 '제왕의', regime(러짐)은 '정권'을 뜻하는데 regicide는 '국왕의 시해, 국왕 시해범'을 의미한다. 단어 뒤에 -cide가 붙으면 '죽이는 것'이라는 의미가 된다. **수어사이드**(suicide 자살), **제너사이드**(genocide 집단 학살) **인섹터사이드**(insecticide 살충제)라는 단어들이 그 예다.

013 — blitz
맹공, 철저하고 집중적인 광고

제2차 세계 대전 중인 1940년에 독일군이 영국의 수도 런던을 맹공격했다. 이 맹렬한 **셸링**(shelling 포격)을 독일어로 blitzkrieg(블리츠크리그)라 하는데 이는 영어로 '**라잇닝**(lightning 번개불)'이라는 의미다. 이때부터 단어 blitz(블릿스)는 집중적인 광고라는 뜻의 광고 용어로도 사용된다.

014 blue blood
귀족 가문, 뼈대 있는 집안

유럽 **칸티넌트**(continent 대륙)의 제일 끝에 위치한 스페인과 포르투갈이 있는 이베리아 반도(Iberia Peninsula)는 지브롤터 해협(Strait of Gibraltar)을 사이에 두고 바로 밑이 아프리카 대륙의 북부다. 이 북부 아프리카에는 이슬람을 믿는 '무어'인들이 살았다.

이들이 보기에 **스킨**(skin 피부)이 까무잡잡한 자신들과는 달리 유럽 **노우빌러티**(nobility 귀족)들은 힘든 **파아밍**(farming 농사)도 짓지 않고 **팰러스**(palace 궁전) 같은 집의 시원한 **셰이드**(shade 그늘)에서 맛있는 음식만 먹고 살고, 피부색은 희고 백옥 같은 살 속에 비친 혈관이 푸르게 보였기에 귀족은 피도 파란 색일 것이라 추측했다.

돈이 많은 재벌 가문이라고 모두 blue blood(블루 블러드)라고 불러 주는 것이 아니고, 유구한 **히스터리**(history 역사) 가운데 **스칼러**(scholar 학자)나 정치가, **아아터스트**(artist 예술가)들을 배출해 모든 이의 **리스펙트**(respect 존경)를 받는 가문이라야 blue blood라 불린다.

boondocks
벽지, 오지, 깡촌

1900년도 초 미국은 스페인의 **거버넌스**(governance 지배) 아래 있는 필리핀을 차지하기 위해 필리핀과 **워어**(war 전쟁)를 벌였다. 그러나 깊은 산중에서 게릴라전을 벌이는 **레벌**(rebel 반군) 때문에 애를 먹었다. boondocks(분닥스)는 필리핀어인 타갈로그어(Tagalog)로 '**마운턴**(mountain 산)'을 의미하는데 당시 전투에 참가했던 미군 병사들이 미국에 돌아와 이 말을 '**배쿼터**(backwater 오지)'와 같은 뜻으로 사용하기 시작했다. boondocks와 유사한 말로 호주(Australia)에서 온 outback(아웃백)이라는 단어가 있다.

During the America-Philippine war, the boondocks were highly contested terrain.
미국과 필리핀 전쟁 당시, 깊은 산속은 치열한 접전이 이루어지던 지역이었다.

016 — bootleg
밀주, 불법 복제품

1919년 미국에서는 **부즈**(booze 술)가 범죄와 도덕적 **데커던스**(decadence 타락)의 원인이라고 여기고 본격적인 금주법(the prohibition law)을 **엔포어스먼트**(enforcement 시행) 했다. 그러나 **랜치**(ranch 목장)의 카우보이들은 가죽 부츠(boots) 속 **레그**(leg 다리) 사이로 납작한 **바털**(bottle 병)로 된 술병을 감추어 두고 홀짝이며 술을 마시는 **해벗**(habit 습관)이 있었다. 이렇게 해서 **일리갤리티**(illegality 불법)하게 제조된 술을 가리키는 말로 bootleg(부틀레그)가 사용되었는데 지금은 **무비**(movie 영화), **뮤직**(music 음악), **러그저리**(luxury 명품) 등의 불법 복제품을 가리키는 말로 널리 사용되고 있다.

boots-on-the-ground
지상군

boots-on-the-ground(붓스 안 더 그라운드)는 CNN 뉴스에서 흔히 들을 수 있는 표현으로, 직접 **배틀**(battle 전투)에 투입되는 '**인펀트리**(infantry 보병)'를 가리킨다.

1948년, 영국의 식민 지배에 반기를 든 말레이시아 반군을 소탕하기 위해 지상군을 **인풋**(input 투입)했을 때부터 쓰인 **밀러테어리 텀즈**(military terms 군사 용어)이다. 그 뒤 1960년대 베트남 전쟁 때 간혹 쓰이다가, 2010년 이후 최근 들어 자주 쓰이는 단어가 되었다. boot(붓)은 군인을 나타내는 속어로 '신병 훈련소'를 boot camp(붓 캠프)라고 한다.

President Obama said that the united States would be sending roughly 50 boots-on-the-ground to Syria to fight ISIS.
오바마 대통령은 미국은 ISIS와 싸우기 위해 대략 오십 명의 지상군을 시리아에 파견할 것이라고 말했다.

boycott
불매, 불참

1800년, 영국에 찰스 보이콧(Charles Boycott)이라는 **퍼선**(person 사람)이 있었다. 그는 땅 부자인 **랜들로어드**(landlord 지주)를 대신해 **테넌트**(tenant 소작농)에게 **택스**(tax 세금)를 걷던 '마름'이었다. 큰 부자인 landlord들은 자신의 땅에 가서 천한 **파아머**(farmer 농민)들을 상대로 토지세를 걷는 일을 부하인 '마름'에게 일임했다. 이런 지주를 '부재지주(不在地主)'라고 하여 absentee landlord(애브선티 랜들로어드)라 하고, 간단히 absentee(애브선티)라고도 한다.

보이콧은 영국인 지주를 대신해 아일랜드(Ireland)에 **디스패치**(dispatch 파견)되었고, **오우너**(owner 주인)를 대신해 악랄한 방식으로 세금을 걷어 원성이 높았다. 이 때문에 아일랜드의 농민들은 조직적으로 보이콧을 따돌리기 시작했다. 그의 이름 앞으로 **메일**(mail 우편물)이 도착하면 중간에서 **인터셉션**(interception 가로채)해 불살라버리고, 그가 교회에 가면 마을 사람들 전체가 **애브선트**(absent 불참)해 혼자 **워셥**(worship 예배)을 보게 했다. 이처럼 사람들은 보이콧을 골탕을 먹였는데 여기에서 그의 이름을 따 boycott(보이캇)은 '불참, 불매'를 뜻하게 되었다.

brain wash
세뇌(洗腦)

brain wash(브레인 와쉬)는 1950년 우리나라의 6.25전쟁에 참전해 **프리저너**(prisoner 포로)가 된 중공군들이 포로 교환으로 중국에 되돌아가기 전에 **아이디얼라지컬**(ideological 사상) 교육을 시킨 것에서 유래한 표현이다.

중국어로 洗(쉬이)와 腦(나오)가 그대로 영어로 **트랜즐레이션**(translation 번역)된 형태로 洗는 물로 씻는 다는 뜻이다. 그래서 **브레인**(brain 뇌)을 씻다란 의미로 brain wash가 생겨 났다. 그 밖에도 태풍을 영어로 typhoon(타이푸운)이라고 하는 것도 태풍(颱風)의 중국어 **프로우넌시에이션**(pronunciation 발음)을 그대로 쓴 경우다. gung ho(겅 호우)라는 단어는 원래 미 해병대의 **챈트**(chant 구호)로 '열성적으로, 협력하여'라는 뜻으로 역시 중국어 '工合(공허)'에서 나온 말로, **퍼블릭**(public 일반인)들도 널리 쓰는 표현이다.

bring home the bacon
생계를 책임지다

bring home the bacon(브링 호움 더 베이컨)을 직역하면 '집에 베이컨(bacon)을 가져가다'라는 뜻이다. 옛날 영국의 **페어그라운드**(fairground 장터)에서는 여흥으로 사람들을 모아놓고 **오일**(oil 기름)을 발라 미끄러운 **피그**(pig 돼지)를 풀어놓고 그것을 쫓아서 잡는 **위너**(winner 우승자)는 집으로 돼지고기를 가져갈 수 있었다. 이렇게 당시 bacon은 서민들의 **스테이펄 푸드**(staple food 주식主食)이었다.

1900년대 초반, 당시 26세이던 흑인 **박서**(boxer 복싱 선수) 갠즈(Joe Gans)는 강력한 라이벌인 백인 선수와 경량급 세계타이틀(lightweight championship)을 놓고 **박싱 매치**(boxing match 복싱 시합)를 앞두고 있었다. 이때 **호움타운**(hometown 고향)에서 **머더**(mother 어머니)가 **선**(son 아들)인 그에게 다음과 같은 내용의 **텔러그램**(telegram 전보)을 보냈다.

Jo, everybody says you will win and bring home the bacon.

조야, 모든 사람들이 네가 이겨 집에 베이컨을 가져올 것이라고
말하더구나.

이 표현은 당시 **프레스**(press 언론)가 이를 그대로 **리포어트**
(report 보도)하면서 널리 대중화되었다.
참고로 권투나 복싱, 펜싱에서 '한 번의 시합'이나 '한바
탕 놀이, 병의 발작'을 나타내는 bout(바우트)는 **임포어턴트**
(important 중요)한 단어다.

If you're going to stay at home with the kids, someone else
will have to bring home the bacon.
만약 네가 집에 아이들과 있다면 누군가는 돈을 벌어 와야 한다.

british commonwealth
영국 연방, 영연방

The Commonwealth of Nations(더 카머뉄쓰 어브 네이션즈) 또는 간단히 줄여 The Commonwealth라고도 한다. commonwealth(카머뉄쓰)는 주들이나 **컨트리**(country 나라)들이 합쳐 생긴 '연방'을 말한다.

해가 지지 않는 대영 제국은 20세기 들어 그 세력이 약화되어 나이지리아, 우간다 등 아프리카의 여러 **칼러니**(colony 식민지)와 인도, 호주, 캐나다가 영국으로부터 **인디펜던스**(independence 독립)했지만 과거 식민 지배를 받았던 여러 나라들이 **팔러틱스**(politics 정치), 경제, 문화로 모임을 결성했다. 이 나라들은 현 영국 **퀸**(queen 여왕)을 상징적인 **리더**(leader 지도자)로 삼고, 영어를 공용어로 사용한다. 군인을 징병할 때도 '여왕 폐하의 명에 의해'라는 **프레이즈**(phrase 문구)가 들어가고, 화폐에도 엘리자베스 여왕의 초상을 넣는 등 서로 교류하며 지내고 있다. 총 53개 회원국과 23억이 넘는 **파펄레이션**(population 인구)이 이에 속한다.

022 ● broke
파산한, 무일푼인

르네상스 후기(post-renaissance)에 생긴 유럽의 **뱅크**(bank 은행)들은 '믿을 만한'한 고객에게 **포어설런**(porcelain 자기)으로 만든 타일을 지급했는데 이 porcelain에는 고객의 이름이나 **크레딧 리밋**(credit limit 대출 한도) 같은 **인포어메이션** (information 정보)이 적혀 있었다. 돈을 빌리기를 원하는 고객이 은행을 찾아오면 이 타일을 보고, **데인저**(danger 위험)하다고 **저지먼트**(judgment 판단)되면 창구 직원이 porcelain을 던져 **브레익**(break 깨다)했는데 broke(브로욱)의 유래는 여기서 시작되었다.

I'm broke(아임 브로욱) '나는 무일푼이다', dead broke(데드 브로욱) '땡전 한 푼 없는' 등이 이와 같은 예다.

He's dead broke to his name.
그는 자신의 소유로 땡전 한 닢 없다.

She has only one pair of shoes to her name.
그녀가 가진 것이라고는 신발 한 짝밖에 없다.

bulimia
폭식, 식욕 이상항진

그리스어로 bous는 **불**(bull 황소), limia는 '배고픔'을 뜻하는 말이었다. 따라서 bulimia(뷸리미어)는 '황소처럼 먹는다'는 데서 나온 말이다. **라이프**(life 인생)에 있어 어떤 시기에 **로운리**(lonely 외로운)한 감정이나 **보링**(boring 따분함), 스트레스로 인한 **엠프티너스**(emptiness 공허함)를 메우기 위해 음식을 폭풍 흡입하는 '**이팅 디소어더**(eating disorder 식욕 이상)'을 의미한다. 이런 bulimia는 주로 **너브**(nerve 신경)나 뇌의 오작용에서 비롯되는 경우가 많아 nerve의 의미인 nervosa가 붙어 bulimia nervosa(뷸리미어 너보우서)라 하기도 한다.

이와는 반대로, 주로 여자들이 이미 날씬하면서도 극단적으로 음식을 거부하는 '거식증'을 anorexia(애너렉시아) 혹은 anorexia nervosa라 한다. anorexia는 **애퍼타이트**(appetite 식욕) 혹은 **디자여**(desire 욕망)라는 라틴어 orexia에 '없음'을 나타내는 a 또는 an이 붙어 만들어진 단어다.

burn bridges
돌아갈 다리를 불태우다, 배수진을 치다

전쟁 같은 생사가 걸린 **시추에이션**(situation 상황)이나 중대한 **레절루션**(resolution 결심)을 할 때, 되돌아갈 여지를 남겨 두지 않고 '비장한 각오로 **베스트**(best 최선)를 다하다'라는 뜻을 나타내는 표현이다. 로마 군대는 전쟁을 떠날 때 적지로 들어가면 건너온 **브리지**(bridge 다리)를 불태웠다. 패배하면 돌아갈 수 없다는 비장한 각오로 진격한 것이다. 따라서 burn bridges(번 브리저즈)는 우리말의 '배수진을 치다' 또는 '파부침주(波釜沈舟 밥솥을 깨트리고 배를 가라앉히다)'라는 뜻과 일맥상통한다.

디펜스(defense 방어)하는 쪽도 마찬가지였다. 힘에 밀려 퇴각하는 군대는 자기 진영에 남은 **필드**(field 밭)와 논을 모두 태워 적들에게 이용되는 것을 막고, 적도 굶주리게 하는 작전을 펼쳤다. 이를 '초토화 작전'이라 하는데 scorched earth 또는 scorched earth strategy(스코어치트 어쓰 스트래터지)라 한다.

bury the hatchet
손도끼를 묻다, 화해하다

아메리카 대륙의 인디언(native American) 들은 다른 **트라이브**(tribe 부족)와 전쟁을 멈 추고 **피스**(peace 평화) 회담을 할 땐 그들의 무기인 **해칫**(hatchet 손도끼)을 흰 **파인**(pine 소나무)의 밑을 파고, **룻**(root 뿌리) 근처에 깊이 묻었다 한다. 그러면 뿌리를 지나 는 **그라운돠터**(groundwater 지하수)에 씻겨 신기하게도 hatchet 이 사라져 **이터널**(eternal 영원)한 평화가 찾아온다고 믿었다.

Tom and I buried the hatchet and we are good friends now.
톰과 나는 화해를 했고, 우리는 이제 좋은 친구가 되었어.

우리 생활에 없어서는 안 될 컴퓨터(computer)는 원래 **캘
컬레이션**(calculation 계산)을 위해 만들어진 것이다. computer
에서 compute의 원뜻은 '계산하다'이다. 고대 로마에서는
그리스와 마찬가지로 **페블즈**(pebbles 자갈)를 모래 그릇 위에
올려놓고 **애버커스**(abacus 주판)를 만들어 '간단한 수학적 계
산(basic arithmetic computation)'을 했는데 라틴어로 '자갈'
을 calculus라 했다. 또 라틴어로 모래 그릇을 abax라 했는
데 주판이라는 단어 abacus는 여기서 온 것이다. 계산기는
calculator(캘컬레이터), 골치 아픈 미적분은 calculus(캘컬러
스), 미분은 differential calculus(디퍼렌셜 캘컬러스), 적분은
integral calculus(인터그럴 캘컬러스)라 한다. 의학 용어로 몸
속에 생기는 돌같이 딱딱한 결석(結石)도 calculus라 하는데
이 또한 '자갈'을 뜻하는 라틴어 calculus에서 왔다.

canary in the coal mine
위험을 알려 주는 것, 시금석

기계 장비가 발달하지 못한 1900년대 초까지만 해도 '**코울 마인**(coal mine 탄광)'에서 일하던 **마이너**(miner 광부)들은 땅속 깊이 있는 일터로 들어갈 때 카나리아(canary)가 든 **케이지**(cage 철장)를 가지고 갔다. 큰 화물선의 선창에 들어가는 선원들도 마찬가지였다. **악서전**(oxygen 산소) 농도가 희박해 **메쎄인**(methane 메탄)이나 **카아번 머낙사이드**(carbon monoxide 일산화탄소) 같은 유독가스에 취하면 순간 의식을 잃고 **헐루서네이션**(hallucination 환각) 상태에 빠져 **서퍼케이션**(suffocation 질식)해 사망하게 된다. canary는 약간의 **탁식 개스**(toxic gas 유독 가스)에도 금방 죽기 때문에 이것을 본 miner들이 위험을 감지하고 **이배켜웨이션**(evacuation 대피)한 데서 canary in the coal mine(커네어리 인 더 코울 마인) 이란 표현이 나왔다. **피그여어티브**(figurative 비유적)로 어떤 위험을 먼저 알리는 **인더케이터**(indicator 지시판)나 **워어닝**(warning 경고)의 의미로 쓰인다.

cannot hold a candle to
~에 상대가 되지 못하다

어떤 사람의 기량이나 **어빌러티**(ability 능력)한 상대에 비해 건줄 수 없을 만큼 현저하게 떨어져 **어포우넌트**(opponent 적수)가 되지 못할 때 쓰는 표현이다.

옛날, **일렉트리서티**(electricity 전기)가 없던 시절에는, 밤 **퍼포어먼스**(performance 공연) 때 주연 배우 곁에서 막 극단에 입단한 **업렌터스**(apprentice 견습생)들이 촛대를 들고 **라이팅**(lighting 조명) 역할을 했다. can't hold a candle(캔트 호울드 어 캔덜)은 여기에서 **더라브드**(derived 유래)한 표현으로, 단순한 역도 제대로 해내지 못하는 왕초보를 꾸짖는 의미로 사용된다.

Mary can't hold a candle to Ann when it comes to athletics.
메리는 육상 경기에 관해서라면 앤에게 상대가 안 된다.

Has the cat got your tongue(해즈 더 캣 갓 요어 텅)?을 줄여서 표현한 것으로, 직역하면 '**캣**(cat 고양이)이 네 **텅**(tongue 혀)을 가졌니?'라는 의미다. 이 표현의 유래에 대해서는 두 가지 설이 있다.

먼저 고대 이집트의 왕 파라오(pharaoh)가 자신에게 **라이**(lie 거짓말)를 하거나 **블래스퍼머스**(blasphemous 불경스런)한 말을 해서 노엽게 하는 자의 혀를 잘라 고양이에게 먹이로 준 데서 유래했다는 설이 있다. 그리고 16세기 영국 **네이비**(navy 해군)에서 **세일러**(sailor 수병)들의 기강을 잡기 위해 잘못을 저지른 sailor에게 고양이 **레더**(leather 가죽)로 만든 여러 갈래 **윕**(whip 채찍)인 cat o'nine tails(캐터나인 테일즈)로 사정없이 후려치는 체벌을 가했는데 그 **페인**(pain 고통)이 너무 심해 체벌당한 sailor는 한동안 말을 못할 정도였다는 데서 유래했다는 설도 있다.

맘(mom 엄마)이 **도터**(daughter 딸)에게 다그치는데 딸이 아무 말도 하지 못한다면 "Cat got your tongue(캣 갓 요어 텅)?"이라고 말할 수 있다.

catch someone red-handed
**범행 중인 범인을 붙잡다,
붉은 손을 가진 사람을 붙잡다**

아일랜드의 얼스터(Ulster)라는 한 지방에서 열리는 보트 **게임**(game 경기)에서는 제일 먼저 **쇼어**(shore 해안)에 손이 닿은 참가자를 지도자로 추대하는 풍습이 있었는데 치열한 경기 중 한 참가자가 자신의 **핸드**(hand 손)를 잘라 shore에 던져 1등 자리를 가져간 것에서 유래했다는 설이 있다.

중세 시대 영국에서 **헌팅**(hunting 사냥)은 귀족들의 전유물이었고, 일반 **파아머**(farmer 농민)들에게는 엄격히 **밴**(ban 금지)되어 있었다. 평민들이 사냥을 하다 발각되면 **포우칭**(poaching 밀렵)으로 엄벌에 처해졌는데 검거된 밀렵꾼의 손이 피로 물들어 있던 것에서 유래했다는 설도 있다. 이 표현은 보통 수동태인 be caught red-handed(비 콧 레드 핸더드) 형태로 널리 쓰인다.

The car thief was caught red-handed.
자동차 절도범은 범행 도중 잡혔다.

catch-22
꼼짝 못하는 상태, 이러지도 저러지도 못함, 모순

2차 대전을 소재로 한, 1961년에 출간된 소설의 **타이틀**(title 제목) 『catch-22』에서 따온 말이다.

작가 조세프 헬러(Joseph Heller)는 이 **나벌**(novel 소설)에서 살아 돌아올 수 없는 **미션**(mission 임무)을 띤 전투기 **파일럿**(pilot 조종사)들의 이야기를 다룬다. 조종사들이 위험한 임무를 피하는 방법은 자신이 **인세인**(insane 미친)인 것을 입증하는 것인데 심사에서 자신이 insane해서 mission을 수행할 수 없다고 주장하면, 심사관이 '네가 **새너티**(sanity 제정신)'이기에 이런 **트릭**(trick 속임수)을 부린다며 mission을 맡기고, sane(세인)이라 얘기해도 어차피 mission 수행을 위해 사지(死地)로 가야만 하는 상황이 벌어진다.

이로써 catch-22(캐치 트웬티 투)는 이런 **페어러닥스**(paradox 모순)를 나타내는 표현으로 흔히 쓰는 중요한 단어가 되었다. catch는 '붙잡다'는 뜻으로 많이 알고 있지만 명사로 '횡재한 것, 이상적인 결혼 상대, 킹카'라는 의미도 있다.

He is a quite catch(히 이즈 어 크와잇 캐치)는 '그는 완전 킹카다'란 의미로 쓰이고, 반대로 '함정, 계, 꿍꿍이'라는 의미도 있어 평소 쌀쌀맞던 사람이 갑자기 친절을 베풀면 의심스런 말투로 What's the catch(윗스 더 캐치?) '무슨 속셈이야?'와 같이 쓰기도 한다.

So I need a key to open this door, and the key is beyond that same door. Damn this is one big catch-22!
이 문을 열려면 난 열쇠가 필요해. 그런데 열쇠는 방 안에 있군. 젠장, 이러지도 저러지도 못하겠군!

chancellor
수상

영국, 일본, 캐나다 등 의원 내각 제를 실시하는 나라의 수반을 '수상'이라 하고 모두 **프라임 미너스터**(Prime Minister 수상)라 하는데 유독 독일 수상만 **챈설러**(chancellor 수상)라 부르고, 수상 관저를 chancellery(챈설러리)라 한다. 독일의 앙겔라 메르켈(Angela Merkel) 수상은 세계에서 가장 **인플루언스**(influence 영향력)가 높은 여성 1위를 차지하기도 했다.

chauvinism
국수주의

자신의 주장이 항상 옳고 자신의 민족이 타 민족보다 우월하다고 여기며 타인을 멸시하는 **퍼내티컬**(fanatical 광적인)한 우월감을 chauvinism(쇼우비니점)이라 한다.

이 말은 나폴레옹 군대의 말단 병사였던 니콜라스 쇼뱅(Nicholas Chauvin)의 이름에서 유래했다. 그는 전투에서 부상을 입었음에도 보잘것없는 **메덜**(medal 훈장)을 받고 얼마 되지 않는 **펜션**(pension 연금)으로 연명했는데 그럼에도 불구하고 그는 끝까지 나폴레옹을 **프레이즈**(praise 찬양)하며 맹신적인 **로열티**(loyalty 충성)를 보였다. 이런 사람들을 '국수주의자, 맹목적 애국주의자'라는 뜻으로 chauvinist(쇼우비니스트)라 칭한다.

cheat death
죽음을 모면하다

산중에서 **베어**(bear 곰)를 만났을 때 죽은 척하는 것을 play dead(플레이 데드)라 한다. 요즘 국제 뉴스를 보면 테러 현장에서 play dead로 목숨을 건진 사연들을 자주 접한다. 사건 사고 현장에서 가까스로 죽음을 모면하는 것은 cheat death(칫 데쓰)라는 표현을 쓴다.

cheat은 '속이다, 부정행위를 하다'라는 의미로, **이그잼**(exam 시험) 때 흔히 하는 '부정행위'를 뜻하는 말이다. '바람을 피우다'라는 뜻으로도 널리 쓰는데 거의 on을 붙여 cheat on(칫 안)의 형태로 쓴다.

He was cheating on his wife
그는 아내를 속이고 바람을 피우고 있었다.

class action
집단 소송

가습기 살균제 문제로 **패멀리**(family 가족)를 잃은 많은 **빅팀**(victim 피해자)들이 제조사 옥시를 상대로 단체로 **로숫**(lawsuit 소송)을 제기했는데 이런 집단 소송을 class action lawsuit(클래스 액션 로숫)이라 한다. 주로 자동차의 **디펙트**(defect 결함)나 대기업의 제품 불량으로 다수의 피해자가 발생한 경우에 취하는 소송 수단이다.

We agreed that it would be in everybody's best interest to file a class action suit against the company.
우리는 그 회사를 상대로 집단 소송을 제기하는 것이 모두에게 가장 이익이 될 것이라는 데 동의했다.

clue
실마리, 단서

고대 그리스의 맨 아래쪽에 있는 큰 섬인 크레타(Crete)에는 복잡한 미로가 있었고 그 속에는 머리는 황소, 몸은 사람인 **만스터**(monster 괴물), 미노타우로스(minotaur)가 갇혀 있었다.

이 미로는 전설적인 **아아커텍트**(architect 건축가)인 다이달로스(Daedalus)가 설계한 것으로 한번 들어가면 절대 나올 수가 없는 곳으로 **래버린쓰**(labyrinth 미로)라 불렸다. 크레타의 **킹**(king 왕) 미노스(Minos)는 적들을 이 labyrinth에 넣어 미노타우로스의 밥이 되게 한다.

어느 날, 아테네(Athens)의 **프린스**(prince 왕자)인 테세우스(Theseus)가 자신이 미노타우로스를 죽이면 공주를 아내로 달라고 미노스 왕에게 요구한다. 왕은 테세우스가 미노타우로스를 죽일 수는 있어도 결코 labyrinth를 빠져나올 수는 없다고 **어슈런스**(assurance 확신)하고 이를 **얼라우**(allow 허락)한다. 그러나 테세우스는 **프린세스**(princess 공주)에게 받은 '실 뭉치(a ball of yarn)'를 풀어 labyrinth 깊숙이 들어가 미노타우로스를 처치하고, 어둠 속에서 그 실을 밟고 무사히 빠져나온다. clue(클루)는 중세 영어에서 이 '둥근 실 뭉치'를 뜻하는 clew가 변형된 것이다.

The book gives the reader plenty of clues to solve the mystery.
그 책은 독자에게 미스터리를 풀 많은 단서를 제공한다.

cold case
영구 미제 사건

살인이나 **레입**(rape 강간) 같은 강력 사건에서 **크리머널**(criminal 범인)이 잡히지 않거나 **미싱 퍼선즈 케이스**(missing persons case 실종 사건)에서 실종자가 발견되지 않는 사건을 cold case(코울드 케이스)라 부른다. 우리나라의 '화성 연쇄 살인 사건'이나 '개구리 소년 사건' 같은 것이 이에 속한다. 서양의 경우 cold case는 **스태츳 어브 리미테이션**(statute of limitation 공소 시효)이 없는 것이 보통이다. cold에는 '사건이 풀리지 않는'이라는 뜻이 있어 go cold, become cold(고우 코울드, 비컴 코울드)는 '사건이 미제로 남다'는 의미로 쓰인다.

The missing child case went cold.
그 실종 아동 사건은 미제로 남았다.

cold-blooded
냉혈의, 냉혹한

두 사람이 싸우다가 한 사람이 극도로 **익사잇먼트**(excitement 흥분)한 상태에서 우발적으로 상대방을 해칠 경우는 **프리딕션**(prediction 예측)하지 못한 순간적인 일로 당황해 **어태커**(attacker 가해자)의 피가 뜨거운 상태다. 그러나 **비셔스**(vicious 잔인한)한 사람이 주도면밀하게 계획적 살인을 할 때는 흥분하지 않은 채 피가 차가운 상태(cold-blooded)로 **크라임**(crime 범행)을 저지르는 것이다. 그래서 '냉혈의, 냉혹한, 냉정한'이라는 의미의 cold-blooded(코울드 블러디드)라는 말이 나왔다.

범죄 드라마에 자주 **어피어**(appear 등장)하는 어구인 in cold blood(인 코울드 블러드)는 '냉혹하게, 냉정하게, 무참하게'라는 의미다. 멋 부리기 좋아하는 영미 지식인들은 이 표현 대신 a sangre fria(아 상그레 프리아)라는 스페인어 표현을 사용하곤 한다. sangre는 스페인어로 '피'를, fria는 '차가운'이라는 의미다.

collateral damage
부수적 피해

미군의 전쟁 방식을 보면 세계 최강의 **파이터**(fighter 전투기)로 적진을 초토화한 후에 보병이 적진으로 **인필트레이션**(infiltration 침투)한다.

공중 **바밍**(bombing 폭격) 시 아무리 주의를 기울여도 의도하지 않은 민간인이나 부녀자, 어린이들, 무고한 생명의 **대머지**(damage 손실)는 피할 수가 없는데 이때 발생하는 **서빌런 캐저월티즈**(civilian casualties 민간인 사상자)를 collateral damage(컬래터럴 대머지)라 한다.

미국은 이런 collateral damage를 **미너마이즈**(minimize 최소화)하기 위해 최선을 다하지만 어쩔 수 없는 부분도 있다고 주장한다. 실제로 전쟁이 끝나고 **스터티스틱스**(statistics 통계)를 내 보면 군인의 **캐저월티즈**(casualties 사상자)보다 collateral damage가 훨씬 많은 것을 알 수 있다.

The explosion destroyed the coffee shop, but a number of near-by businesses suffered collateral damage.

그 폭발로 커피숍이 파괴되었지만 주위의 수많은 가게들이 부수적 피해를 입었다.

원래 collateral(컬래터럴)은 '담보물'이라는 뜻이다.

He gave the bank some stocks and bonds as collateral for the money he borrowed.
그는 그가 빌리는 돈의 담보로 얼마간의 주식과 채권을 은행에 제공했다.

crime of passion
치정 범죄

범인이 사전에 **머티큘러슬리**(meticulously 치밀)하게 범행을 계획해 저지른 살인죄인 1급 살인(first degree murder)은 대개 무거운 처벌을 받는다. 그러나 자신의 **스파우스**(spouse 배우자)나 애인이 다른 사람과 **어페어**(affair 불륜)를 저지르는 현장을 목격한 상황에서 순간적으로 **앵거**(anger 분노)해 범행을 저지른 경우는 crime of passion(크라임 어브 패션)이라 하여 형을 감해 주는 것이 보통이다.

'계획적인 살인'은 premeditated murder(프리메더테이티드 머더)라 해서 **데쓰 페널티**(death penalty 사형)나 무기징역의 무거운 형이 내려지지만 crime of passion의 경우 '순간적인 정신 이상(temporary insanity)'으로 인정되어 murder가 **맨슬로터**(manslaughter 과실치사)로 바뀌어 훨씬 가벼운 선고가 내려진다.

culture(컬처)라는 단어는 '경작, 재배'라는 의미의 라틴어 명사 cultura에서 파생했으며 나중에 '문화, 교양, **아아트**(art 예술)' 등의 의미를 갖게 되었다. **라이스 패디**(rice paddy 논)나 밭을 '경작하다'라는 의미의 cultivate(컬터베이트)는 라틴어 동사 cultivare에서 유래했다.

cultivate의 명사형은 **컬티베이션**(cultivation 경작)이다. **라이브스탁**(livestock 가축)을 몰고 이동하며 살던 '유목민'을 nomad(노우매드)라 하는데 이런 nomad 사회에서는 찬란한 culture가 발전할 수 없었다.

프리전(prison 감옥)이 없었던 nomad들은 무리에서 법을 어기는 자가 나오면 감옥에 가두는 대신 범죄자의 손을 '싹둑 자른다(chop off)'든지 하는 **바아배릭**(barbaric 야만적)인 방식의 처벌을 할 수밖에 없었다.

사람들이 농사를 시작하고 한 곳에 모여 살게 되자 비로소 그림이나 **스컬프처**(sculpture 조각)로 집을 꾸미고, 모여 노래하고 **댄스**(dance 춤)를 추며, 예술과 법이 생기고 문화가 **디벨럽먼트**(development 발전)하게 되었다.

'농업, 농사'를 의미하는 agriculture(애그리컬처)는 접두사 agri-(땅의, 밭의)와 culture(재배)가 결합되어 생겨난 말이며 땅의 넓이를 나타내는 acre(에이커)라는 단어도 agri-의 라틴어 명사 원형인 ager(땅, 밭)에서 유래했다.

통행금지

지금은 없어졌지만 우리나라에서도 1982년까지 야간 '통행금지'라는 것이 있었다. 지금도 엄격한 집안에서는 지켜야 할 통금 시간이 있기도 하다. 중세 시대에 야간에 교회의 종이 울리면 각 집들은 모든 **퍼너스**(furnace 아궁이)의 불을 꺼야만 했다. curfew(컬퓨)는 여기서 유래한 표현으로 '**커버**(cover 덮다)'라는 프랑스어 couvre와 '**불**(fire 파이어)'을 뜻하는 feu가 결합해 만들어진 단어다.

cut one's teeth
경험을 쌓다, 잔뼈가 굵다, 새로운 기술을 습득하다

cut one's teeth(컷 원즈 티쓰)는 태어나 엄마의 **밀크**(milk 젖)만 먹던 갓난아기가 **검**(gum 잇몸)을 뚫고 **투쓰**(tooth;teeth 이)가 나고(erupt), 단단한 음식(solid food)을 씹게 되면서 새로운 **테이스트**(taste 맛)를 알아 가는 과정과 새로운 **필드**(field 분야)에서 일을 배워 나가는 것을 비유한 것이다.

erupt(이어럽트)라는 단어는 **발케이노우**(volcano 화산) 같은 것이 '분출하다'라는 뜻이지만 **덴터스트**(dentist 치과) 의학 용어로 '이의 생성'을 의미한다. 10대 후반에서부터 나는 사랑니(wisdom teeth)로 인해 겪는 **익스트림**(extreme 극심)한 고통을, 인생을 살아가면서 익히는 **스킬**(skill 기술) 습득의 어려움에 비유한 것이다. **모울러**(molar 어금니) 맨 안쪽에 나는 이는 이성에 눈을 뜨는 나이에 난다 해서 우리는 사랑니라고 하지만 영어에서는 세상을 사는 **위즈덤**(wisdom 지혜)이 생길 때 난다고 하여 wisdom teeth(위즈덤 티쓰)라 한다.

Before I became a chef, I cut my teeth by working at a small restaurant.
요리사가 되기 전, 나는 작은 식당에서 경험을 쌓았다.

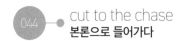

cut to the chase(컷 투 더 체이스)는 자질구레한 **스토어리**(story 이야기)는 접어 두고 '요점을 말하다(get to the point)'라는 의미로 자주 사용되는 구문이다.

1930년대 미국의 **필므 인더스트리**(film industry 영화 산업)에서 **사일런트 필므**(silent film 무성 영화)의 마지막은 대개 추격 신(chase scene)으로 끝이 났고, **아디언스**(audience 관객)들도 그 chase scene(체이스 신)을 제일 고대했다. 그래서 앞부분의 '지루한 **신**(scene 장면)은 자르고 바로 chase scene으로 가자'라는 의미에서 나온 표현이다.

After a few introductory comments, we cut to the chase and began negotiating.
몇 마디 소개의 말을 건넨 후 우리는 곧바로 협상에 들어갔다.

cut to the chase와 반대 의미로 beat around the bush(빗 어라운드 더 부쉬)가 있다. 중세 시대(medieval times)에 귀족들이 사냥을 할 때 농민을 고용해 그들로 하여금 **부쉬**(bush 수풀)에서 숨어 있게 하고선 때가 되면 '와' 하는 함성과 함께 막대기로 가지를 쳐서 새나 **래벗**(rabbit 토끼) 같은 사냥감을 내몰게 했다. 그러나 **트리**(tree 나무)를 너무 크게 두들겨 **와일드 보어**(wild boar 멧돼지) 같은 맹수를 놀라게 만들어 지체 높은 귀족들이 **인저리**(injury 부상)라도 입으면 큰일이기에 bush 주위를 적당히 때리는 **낵**(knack 요령)이 필요했다. 이것이 현대에 들어 비유적인 표현으로 talk around something(톡 어라운드 섬씽) 즉, '요점을 피하여 말을 돌리다. 얼버무리다'라는 의미로 쓰이게 되었다.

Quit beating around the bush and tell me what you really think about my idea.
말을 그리 빙빙 돌리지 말고 내 아이디어에 대해 어떻게 생각하는지 말해 봐.

damsel in distress
위기에 빠진 아가씨

드라마나 영화에서 보면, **영**(young 젊은)한 **워먼**(woman 여자)이 **루피언**(ruffian 불량배)에 둘러싸여 떨고 있고, 그 순간 어디선가 주인공 남자가 나타나 불량배들을 멋지게 물리치고 여자를 구해 준 뒤 두 사람이 **러버**(lover 연인) 관계로 발전하는 설정을 흔히 본다.

먼 옛날부터 모든 동화에서는 **빌런**(villain 악당)에 의해 납치된 공주를 번쩍이는 **아아머**(armor 갑옷)를 입은 **나이트**(knight 기사騎士)가 나타나 구해 주는 장면이 유행했다. 그래서 여성에게 정중하게 대하고 전쟁에 나가 용맹을 떨치는 행위를 '기사도 **쉬벌리**(chivalry 정신)'라 한다.

damsel in distress(댐절 인 디스트레스)는 이런 설정에서 나온 표현이다. damsel은 프랑스어의 demoiselle에서 온 말로 '젊은 미혼 여성'을 가리킨다. distress는 '고난' 또는 배의 '조난'을 뜻하는 말로 distress call(디스트레스 콜)은 '조난 요청'을, distress flag(디스트레스 플래그)는 '조난 깃발', distress signal(디스트레스 시그널)은 '조난 신호'를 의미한다.

dandelion
민들레

'민들레'를 가리키는 dandelion(댄덜라이언)은 원래 프랑스어의 dent + de + lion의 합성으로 '사자의 이빨'이라는 의미를 나타낸다. 우리가 치과 의사를 dentist(덴터스트)라 하듯이 dent는 '이빨'을 뜻하고, de는 영어의 of에 해당한다. 민들레 **리프**(leaf 잎)의 생김새가 '사자의 이'를 닮았다고 해서 붙여진 이름이다.

047 ● daredevil
무모한 사람

나이아가라 폭포(Niagara Falls)의 양편을 쇠줄로 연결하고 아무 보호 장비 없이 건너는 **타잇로웁 워커**(tightrope walker 외줄타기 곡예사)나 **스카이스크레이퍼**(skyscraper 고층 빌딩)를 맨손으로 기어오르는 **애드벤처러**(adventurer 모험가)처럼, 지켜보는 사람들을 조마조마하게 만들고 **어텐션**(attention 관심)을 끌기 위해서라면 목숨이라도 거는 사람을 daredevil(데어데빌)이라 한다.

어떤 사람이 자신이 산 나이프를 보여 주면서 얼마나 잘 드는지 **보우스트**(boast 자랑)하다가 사람들이 못 미더워하자 "자, 봐라 이 손가락도 잘린다"며 자신의 손가락을 진짜 잘라버린다면 어떨까? 이런 **레클러스**(reckless 무모한)한 사람을 가리켜 '**데블**(devil 악마)을 무섭게 만드는 사람'이라는 의미로 daredevil이라 부르게 되었다.

Did you see that daredevil jump the canyon?
너, 저 무모한 사람이 협곡에서 뛰어내리는 것 봤니?

dead man's shoes
죽은 사람의 자리, 평생 기다려야 하는 자리

프러모우션(promotion 승진)이 너무나 하고 싶은데 부장은 **네버**(never 절대) 그만둘 것 같지 않고, 그가 정년이 되어 **레저그네이션**(resignation 퇴사)할 때까지 기다리자니 너무 길고, 그가 **서더늘리**(suddenly 갑자기)하게 죽기라도 하지 않으면 절대 자신이 차지할 수 없는 **싯**(seat 자리)을 dead man's shoes(데드맨즈 슈즈)라 한다. 특히 옛날로 치면 '왕의 자리'를 말한다. 보통 step into dead man's shoes(죽은 자의 신을 신다)라는 표현으로 사용한다.

With the economy as stagnant as it is now, the only way to get a promotion these days is to step into the dead men's shoes.
지금처럼 경기가 침체된 때에는 승진하려면 죽은 사람의 자리를 물려받는 수밖에 없어.

dead ringer
꼭 닮은 사람이나 물건

옛날 일본의 쇼군(將軍)들은 **어새서네이션**(assassination 암살)을 피하기 위해 자신과 흡사하게 닮은 **페익**(fake 가짜) 대역을 데리고 다녔다고 한다. 이런 대역을 일본어로 '카게무샤(그림자 무사)'라 하는데 영어로는 double(더블)이라 한다. 이와 유사한 표현으로 dead ringer(데드 링어), look-alike(룩 얼라익)이 있다.

dead ringer라는 표현은 saved by the bell(세이브드 바이 더 벨)이나 graveyard shift(그레이야드 쉬프트)처럼 산 채로 묻혔다가 bell을 울려 살아난 사람에서 유래했다는 설이 있으나 정확한 어원은, **레이스코어스**(racecourse 경마장)의 도박꾼들에서 비롯되었다. 이들은 본 게임에 앞서 **챔피언쉽**(championship 우승) 예상마와 꼭 닮은 **호어스**(horse 말)를 구해 와 속이고자 하는 사람들에게 그 생김새와 걸음걸이를 보여 주었는데 이런 대역 말을 dead ringer라고 불렀다.

영어에서 ring(링)은 '울리다'는 의미 외에 '바꿔치기 하다'라는 뜻이 있어 ring a car(링 어 카아)는 '훔친 차를 새 차로

둔갑시키다'라는 의미가 된다. dead는 '죽은'이라는 뜻 외에 '정확히, 꼭'이라는 의미가 있다. 일례로 dead center(데드 센터)는 '정 가운데', dead heat(데드 힛)은 '정확히 동시에 골인하기, 막상막하'라는 뜻이다. dead ringer는 '종을 울리는 죽은 자'가 아닌 '정확히 바꿔치기 한 것'이라는 뜻이 된다.

Wow, that guy's dead ringer for Elvis Presley, I thought he was back from dead!
와, 저 사람은 엘비스 프레슬리와 꼭 닮았네. 마치 죽은 사람이 살아온 것 같아!

decimate
많은 사람을 죽이다

로마 제국의 **아아미**(army 군대)는 군기가 엄격했다. 상관의 **커맨드**(command 명령)에 불복하거나 전투 중 적진으로 **디저션**(desertion 탈영)하는 자가 나온 **유닛**(unit 부대)에는, 부대원들을 모아놓고 '제비를 뽑아(draw lots)' 열 명 중 한 명을 골라 뽑힌 병사를 **칼리그**(colleague 동료)들이 칼로 죽이게 하는 형식의 가혹한 **퍼니쉬먼트**(punishment 처벌)가 내려졌다. 그리고 이를 가리켜 말 그대로 '열 명 중 한 명을 죽인다'는 의미로 decimation(데서메이션)이라 했다. deci-는 10을 뜻하는 접두사로, deciliter(데설리터)는 '1리터의 10분의 1'을, decimal point(데서멀 포인트)는 '소수점'을, decade(데케이드)는 '십 년'을 의미한다. 비유적인 표현으로, 전쟁이나 **에퍼데믹**(epidemic 전염병)으로 많은 사람을 죽이는 것을 가리켜 decimate(데서메이트)라고 한다. lot(랏)은 '제비'라는 뜻으로 '복권'이라는 의미의 lotto(라토우)나 lottery(라터리)도 여기서 나온 말이다.

The bomb could easily decimate an entire city.
그 폭탄은 쉽사리 도시 전체를 몰살시킬 수도 있다.

자주 쓰는 말은 아니지만 중요한 단어다. **부디점**(buddhism 불교)에서 조계종, 천태종, 원불교 등 여러 **디노머네이션** (denomination 교파)이 있듯이 **크리스치애니티**(christianity 기독교)에서도 수많은 denomination이 존재한다.

대표적으로 **뱁터스트 처치**(Baptist church 침례교), **이밴젤리컬 처치**(evangeli cal church 복음주의), **메써디점**(Methodism 감리교), **프레스비티어리어니점**(Presbyterianism 장로교) 등이다. 이런 서로 다른 denomination들은 같은 성경을 두고 서로 **인텁리테이션** (interpretation 해석)의 차이가 있다.

Protestantism and Roman Catholicism are both denominations of the Christian faith.
개신교와 가톨릭은 둘 다 기독교 신앙에서 나온 다른 종파다.

denomination은 또 화폐의 '종류'를 말하기도 한다. 우리나라 지폐는 각기 1000, 5000, 1만, 5만 원 권으로 네 종류의 denomination이 있다.

It always take times to get used to the different denominations of coins when you go to a foreign country.

외국에 가면 서로 다른 액면가의 동전에 익숙해지는 데 시간이 걸린다.

devil's advocate
혼자 반대하는 사람, 남이 잘되는 꼴을 못 보는 사람

devil's advocate(데벌즈 애드버컷)은 원래 가톨릭 교회(Catholic Church)에서 사용된 **텀**(term 용어)으로 원뜻은 '악마의 옹호자'다. 가톨릭에서는 **페이쓰**(faith 신앙)를 지키기 위해 순교한 신자를 **세인트**(saint 성인聖人)의 반열에 올리는 '**캐너너제이션**(canonization 시성식)'이라는 의식이 있다. 이때 **캔더데이트**(candidate 후보)에 오른 이들을 철저히 **베어러파이**(verify 검증)하기 위해 교회는 특별 **로여**(lawyer 변호사)를 임명해 결점을 꼬치꼬치 캐내는 작업을 하는데 devil's advocate은 이 특별 변호사를 가리키는 말이었다.

오늘날에는 회의 때 활발한 **더베이트**(debate 토론)를 이끌어내기 위해 '일부러 반대하는 사람'을 뜻하는 말이 되었다. Catholic Church의 교회법을 Canon(캐넌)이라고 하는데 이슬람법 Sharia(샤리아)와 대응되는 개념이다.

다이어비티즈(diabetes 당뇨병)는 중년이 되면 가장 빈번히 발생하는 성인병이다. 정확한 통계는 없지만 성인 남녀 약 네 명 중 한 명이 환자일 것으로 추정되고 있다.

diabetes는 '혈중 당분(blood sugar)'의 양을 조절하는 인슐린(insulin)이 충분치가 않아 **유린**(urine 소변)으로 축적된 **글루코우스**(glucose 포도당)가 빠져나가 생기는 신체 질환이다. 심하면 실명하거나 다리가 썩어 들어가 결국 절단하는 등 **캄플러케이션**(complication 합병증)이 특히 무서운 질병이다.

diabetes의 complication은 중·장년 이후 주요 **데쓰**(death 사망)의 원인이기도 하다. diabetes를 속어로 the sugar(더 슈거)라 부르기도 한다.

'어떤 병에 걸리다'라는 의미의 숙어 come down with를 써서 come down with the sugar(컴 다운 윋 더 슈거)라고 하면 '당뇨병에 걸리다'라는 뜻이 된다.

insulin은 **팬크리어스**(pancreas 췌장)에서 만들어 지는 호르몬의 일종이

다. insulin은 라틴어로 '섬'이라는 뜻의 insula에서 왔다. insulin이라는 호르몬이 pancreas 속에 섬처럼 존재하는 랑게르한스(islands of Langerhans)라는 세포에서 만들어지기 때문이다.

애플(Apple)의 CEO, 스티브 잡스(Steve Jobs)는 56세에 췌장암(pancreatic cancer)으로 사망했다.

Kentucky suffers from high rates of heart attacks, strokes and diabetes.

켄터키는 높은 비율의 심근경색, 뇌졸중 그리고 당뇨병으로 고통받고 있다.

약 2600여 년 전 **주즈**(jews 유대인)들이 바빌론으로 포로로 잡혀 간 것을 Babylonian captivity(배벌로우니언 캡티버티) 혹은 Babylonian exile(배벌로우니언 에그자일)이라 한다. 이후 이들은 2000년이 넘는 세월을 전 세계를 떠돌며 **하아쉬**(harsh 혹독)한 박대를 견디며 살아가게 되는데 이를 첫 글자를 대문자로 써서 Diaspora(다이애스퍼러)라고 한다.

Diaspora는 그리스어로 '**스캐터**(scatter 흩어지다), **디스퍼스**(disperse 해산하다)'라는 뜻을 나타내며, 고국의 기구한 운명에 의해 타국에서 살아가야만 하는 사람들을 가리키는 보통 명사가 되었다.

055 die-hard
끝까지 버티는, 완고한, 골수의

옛날 **갤로우즈**(gallows 교수대)에서 집단으로 사형을 집행할 때 사람들이 가장 나중에 죽는 죄수에게 die hard(다이 하아 드)라고 했는데 여기에서 나온 die-hard라는 단어가 '끝까지 버티는, 완고한'이라는 형용사와 그런 사람을 가리키는 명사가 되었다.

My stepfather is a die-hard conservative.
새아버지는 골수 보수주의자다.

중세 시대 유럽(Medieval Europe)에서는 정기적으로 **밴덧**(bandit 산적)들, 강도들, 살인자들에 대한 공개 처형(public execution)을 집행했는데, 대부분 목을 매다는 **행잉**(hanging 교수형)이었다. 교수형 집행 소식이 들리면 마을의 주점에 모인 농민들은 대단한 **스펙터클**(spectacle 구경거리)이 났다는 생각에 들뜨기 시작한다.

gallows에 죽 늘어선 사형수들의 얼굴에 검은 보자기를 씌우고, 손을 뒤로 결박하고, 두 다리까지 묶고 나서 사형 집행관이 레버(lever)를 당기면 발밑의 낙하문(trap door)이

덜커덩 열리고 사형수들이 허공에 대롱대롱 매달려 버둥거리기 시작한다.

구경꾼들은 일제히 함성을 지르며 돈을 걸어 도박에 들어가는데 가장 늦게 죽는 사형수를 맞추는 내기였다. 여기서 제일 마지막까지 발버둥을 치며 죽지 않는 사람을 die -hard라 불렀다. gallows는 다른 단어로 gibbet(지빗)이라 하기도 한다.

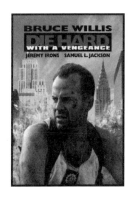

disaster
재앙, 재난

disaster(디재스터)는 '나쁜'이라는 접두사 dis-에 '별'을 뜻하는 그리스어 astro가 붙어 점성술에서 별의 나쁜 위치가 인간의 **데스터니**(destiny 운명)에 '재앙'을 가져온다는 **빌리프**(belief 믿음)에서 유래한 말이다. **어스트랄러지**(astrology 점성술), **어스트라너미**(astronomy 천문학), **어스트라너머**(astronomer 천문학자), **애스터로드**(asteroid 소행성), **애스터리스크**(asterisk 별표), 모두 astro에서 나온 단어다. disaster와 유사한 단어로 calamity(컬래머티)가 있는데 natural calamity(내처럴 컬래머티)는 지진이나 태풍 같은 '자연 재해'를 의미한다.

dot the i's and cross the t's
세심하게 공들여 마무리하다

어린 학생들이 **커시브**(cursive 필기체)로 문장을 **스크리벌** (scribble 갈겨쓰다) 하고 나면 마지막에 i 위에 **닷**(dot 점)을 찍고, t에 가로획을 **크로스**(cross 교차)해서 마무리해야 하는데 대개는 부주의하게 빼먹기 십상이었다. 그래서 글을 쓸 때 점과 선 같은 세밀한 부분에도 주의하라는 교사의 **애드머니션**(admonition 훈계)에서 나왔을 이 표현은 '꼼꼼히 신경 써서 마무리하다, 확실히 처리하다'라는 의미로 사용되고 있다.

The negotiations are nearly finished but we still have to dot the i's and cross the t's.
협상은 거의 끝났지만 우리는 그래도 세심하게 공들여 마무리해야 한다.

double whammy
이중의 불운, 이중고

double whammy(더블 웨미)는 1910년대에 처음 생긴 말로, whammy(웨미)는 '악마의 눈'을 뜻한다. double whammy 는 '두 개의 악마의 눈'이라는 의미로, 누구든지 쳐다보면 **컨벌션즈**(convulsions 경련)를 일으키며 쓰러지고 만다는 **커스**(curse 저주)에 찬 눈길, **디먼**(demon 악령)을 가리킨다. 비유로, 어려운 고난이 동시에 찾아온 상황을 나타낸다.

Farmers have faced double whammy of a rising dollar and falling agricultural prices.
농민들은 치솟는 달러와 떨어지는 농산물 가격의 이중고에 직면해 있다.

down to the hatch
원샷, 건배

무언가 **컨그래철레이션**(congratulation 축하)할 일이 생겼을 때
면 자연스레 술자리가 마련된다. 모두가 잔을 들어 건배
를 할 때는 cheers(치어즈) 혹은 bottoms up(바텀즈 업)을 많
이 쓰는데 그에 못지않게 자주 쓰는 표현이 down to the
hatch(다운 투 더 해치)다. hatch는 '**쉽**(ship 배)의 **덱**(deck 갑판)에
있는 승강구'를 뜻하는데 비유적으로 '술이 넘어가는 목구
멍'이라는 뜻으로도 쓰인다. 술을 좋아하는 뱃사람들이 보
기에, **프레이트**(freight 화물)가 hatch로 내려가는 모습에서 술
을 마시는 이미지를 떠올린 것으로 보인다.

dromedary
단봉낙타

등에 **험프**(hump 혹)가 하나인 단봉낙타(one-humped camel)를, dromedary 또는 dromedary camel(드라머데어리 캐멀)이라 한다. 북아프리카와 아라비아 반도가 원산이다.

약 3,500년 전부터 사막에서 **노우매드**(nomad 유목민)와 함께 살아온 이 **애너멀**(animal 동물)은 **데저트**(desert 사막)를 가로질러 장사를 하는 아라비아의 **캐어러밴**(caravan 대상隊商)에게는 배 이자 트럭이고 자동차였다.

섭씨 50도에 육박하는 뜨거운 모랫길을 무거운 짐을 지고 하루에 약 40킬로미터씩을, **워터**(water 물)도 마시지 않고 몇 주를 걸어간다고 한다. **당키**(donkey 나귀)나 말, 낙타같이 짐 을 나르는 일을 주로 하는 동물을 pack animal(팩 애너멀) 또는 beast of burden(비스트 어브 버던)이라 한다.

dromedary가 없었다면 아랍의 **시벌리제이션**(civilization 문명) 과 **미덜 이스트**(middle east 중동)의 역사는 존재할 수 없었다고 해도 과언이 아닐 것이다.

dromedary는 낙타 중에서도 특히 민첩하고 잘 달리기로 유명한데 dromedary라는 단어는 고대 그리스어로 '달리 기 선수'라는 dromos에서 왔다.

DUI(driving under influence)
음주 운전

원래 Driving Under Influence(of Alcohol)(드라이빙 언더 인플루언스)의 줄임이다. 글자대로 해석하면 '알코올의 영향 아래서의 운전'이다. 혈중 알코올 농도(blood alcohol content)가 법정 허용치를 넘어선 경우를 말하며, 영미에서는 **펠러니**(felony 중죄)에 속한다. 술이 취한 상태에서 시동을 걸지 않고(without ignition on), 운전석에 앉아 있는 것만으로도 체포의 사유가 된다.

DUI가 가장 일반적인 표현이나 DWI(Driving with intoxication)라고도 한다. 미국에서는 **소우브라이어티 첵포인트**(sobriety checkpoint 음주 단속 검문소)에서 **드링킹**(drinking 음주)으로 의심되는 운전자는 내리게 해 100부터 거꾸로 세게 한다든지, 땅 위에 줄을 그어놓고 **보우쓰 아아므즈**(both arms 양팔)를 들고 똑바로 걷게 해서 음주 여부를 판명했지만 요즘은 입에 물고 부는 **브레썰라이저**(breathalyzer 음주 측정기)를 사용한다. Breathalizer는 상표의 이름이 일반 명사화된 것이다.

She is in jail on a DUI.
그녀는 음주로 유치장에 있어.

062 · dutch uncle
엄한 사람, 가차 없이 충고하는 사람

잘 웃지도 않고 엄격하고 기분 나쁠 정도로 **스트레잇포어루어드**(straightforward 직설적인)한 표현으로 자기 의사를 나타내는 사람을 Dutch uncle(더치 엉클)이라고 한다. 유럽이나 미국의 바에서 싸움이 나서 구경꾼이 모이고 분위기가 험악해질 무렵, 한쪽에서 웃통을 벗어던지며 "야! 우리 **그랜드파더**(grandfather 할아버지)가 **더치**(Dutch 네덜란드 사람)야"라고 하면 상대가 갑자기 **테일**(tail 꼬리)을 내린다고 한다. 서구에서 Dutch라 하면 '강인한 사람, 함부로 얕볼 수 없는 사람'이라는 이미지가 강하다.

She wants me to go and talk to him like a Dutch uncle.
그녀는 내가 가서 따끔하게 한마디 해 주기를 바랐다.

'네덜란드(Netherland)'는 '낮은 땅'이라는 뜻으로 땅이 바다보다 낮기 때문에 Dutch들은 초인적인 노력을 기울여 **다익**(dike 댐)을 쌓아 국가를 만들었다. Netherland를 '홀란드

88

(Holland)' 또는 'Dutch'라고도 부르는 것은, 독일을 '도이치 (Deutsche)'라고 부르는 것에서 짐작할 수 있듯이 네덜란드도 독일인과 같은 게르만족의 피를 이어받았기 때문이다. 한반도의 4분의 1도 안 되는 자그만 이 나라는 사실 17세기에는 세계 곳곳에서 식민지를 두고 영국과 치열한 각축을 벌였다. 우리나라와 일본 사이에 **엔머티**(enmity 적대감)가 존재하는 것처럼 영국과 네덜란드에도 이런 묘한 **이모우션** (emotion 감정)이 얽혀 있다.

영어에는 Dutch라는 단어가 들어간 표현이 많은데 대부분 부정적인 의미를 담고 있다. '용기'라는 의미의 courage(커리지)에 붙여 Dutch courage라고 하면 '술을 마시고 만용을 부리는 것'을 뜻하고, do the Dutch(두 더 더치)는 '자살하다'라는 의미로 쓰인다. '도무지 이해할 수 없는 말, 횡설수설하는 말'을 지칭해 double Dutch(더블 더치)라 한다.

double Dutch는 또 다른 의미로, 두 사람이 두 개의 줄을 서로 반대쪽으로 돌리는 '줄넘기(jumping rope) 놀이'를 뜻하기도 한다.

It was Dutch courage that made the football fan attack the policeman.
그 축구팬이 경찰에게 덤벼든 것은 순전히 술기운 때문이었다.

dysfunctional family
콩가루 집안, 베지밀 가족

대드(dad 아빠)는 감옥을 제 집 드나들 듯하고, 엄마는 매일 술로 하루를 보내며, 누나는 하는 일 없이 매일 밤 클럽만 들락거린다면 이런 **호움**(home 가정)을 **노어멀**(normal 정상)이라 말할 수는 없을 것이다. 이 같은 문제 가정을 가리켜 dysfunctional family(디스펑크셔널 패멀리)라 한다. function(펑션)은 '기능'이라는 뜻으로, 어떤 전자 제품이 제 기능을 못하고 고장이 났다면 dysfunction(디스펑션) 한 것이다. 이렇듯 **패멀리**(family 가족) 구성원들이 각자 제 역할을 제대로 못할 때 흔히 '콩가루 집안'이라는 뜻으로 dysfunctional family라는 표현을 쓴다.

electrocution
감전사, 전기의자 처형

지금은 없어졌지만 예전에는 **엑서큐션**(execution 사형 집행) 방법으로 **일렉트릭체어**(electric chair 전기의자)가 사용되었다. electrocution(일렉트러큐션)은 '전기'를 의미하는 electro-와 '처형'을 의미하는 execution이 결합된 표현이다.

살인죄로 **라이프 센턴스**(life sentence 종신형)를 선고받고 복역 중이던 제임스 프렌치(James French)라는 **인메이트**(inmate 죄수)가 있었다. 그는 자살을 하고 싶었지만 도저히 **커리지**(courage 용기)가 나지 않았다. 그래서 일부러 **셀메이트**(cellmate 감방 동료)를 목 졸라 살해한다. 그 죄목으로 그는 1966년 오클라호마(Oklahoma) 주에서 electric chair로 처형된 마지막 inmate가 되고, 사형이 금지된 그해 미국에서 유일하게 사형 당한 inmate가 된다. 사람의 몸에 고압의 **일렉트리서티**(electricity 전기)가 흘러 사망할 때는 피부가 노릇하게 변하면서 **스모욱**(smoke 연기)과 함께 고소한 닭튀김 **스멜**(smell 냄새)이 난다고 한다.

electric chair에 앉은 제임스는 취재를 위해 모인 **리포어터**

(reporter 기자)들에게 죽음 직전의 사람이 남기는 **래스트 워즈**
(last words 마지막 말)를 한다.

Hi, fellas, How about this for a headline for tomorrow's paper,
French Fries?
안녕, 친구들, 내일 아침 신문의 머리기사로 프렌치프라이 어때요?

065 ● eligible bachelor
이상적인 신랑감

eligible(엘러저벌)은 '~할 자격이 되는'이라는 뜻이고, bache
lor(배철러)는 '총각'을 뜻한다. eligible bachelor는 반듯한 직
장과 경제력을 갖추고, 게다가 **핸섬**(handsome 잘생긴)하기까
지 해서 여성이라면 모두가 탐낼 만한 신랑감을 가리킨다.

웨딩(wedding 결혼)을 앞둔 신랑이 마지막으로 **프리덤**(Free
dom 자유)을 누리기 위해 **프렌드**(friend 친구)들을 불러 술집이
나 클럽 같은 곳에 가서 진탕 마시고 노는 '총각 파티'를
bachelor party(배철러 파아티) 또는 stag party(스태그 파아티)
라 하는데 stag는 '수사슴, 수컷'을 뜻한다. bachelor에는
'학사'라는 의미도 있어 bachelor's degree(배철러즈 디그리)
는 '학사 학위'를 말한다. 좀더 나가자면 master's degree(매
스터즈 디그리)는 '석사 학위', doctor's degree(닥터즈 디그리)는
'박사 학위'를 뜻한다.

● emblem
상징, 상표

세계 곳곳에서 볼 수 있는 코카콜라나 삼성 같은 **코어퍼레이션**(corporation 기업)의 상표를 emblem(엠블럼), symbol(심벌), logo(로우고우)라 하는데 세계적 기업들의 emblem은 아무렇게나 만들어진 것이 아니라 그 안에 나름의 의미를 내포하고 있다.

 애플 사의 logo는 창사 당시에는 단순히 사과나무 아래 앉아 있는 뉴턴을 나타낸 것이었으나 훗날 '한 입 베어 문 사과'로 바뀌었다. 컴퓨터의 정보 처리 단위가 메가바이트, 기가바이트처럼 바이트(byte)이고, 이 byte가 '베어 물다, 베어 먹다'라는 의미의 bite와 발음이 같은 것에서 착안해 만든, **윗**(wit 재치)이 담긴 로고다.

1994년 미국의 항구 도시 시애틀(seattle)에서 **스타아텁스**(startups 창업)한 세계 최대의 온라인 도매상 아마존(Amazon)은 세계에서 가장 크고, 두 번째로 긴 남미(South America)의 '아마존 강(Amazon River)'에서 그 이름을 따 왔다. Amazon(애머잔)은 그리스 신화에서 여자들로만 이루어진

94

워리어(warrior 전사)들의 부족 이름이다. 처음 스페인의 **캉퀴스터도어**(conquistador 정복자)들이 남미의 이 강을 **엑스플러레이션**(exploration 탐험)할 때 **바우**(bow 활)를 멘 '여전사'들로부터 공격을 받은 것에서 전설의 Amazon이라는 이름이 탄생했다. conquistador는 스페인어지만 영어에도 자주 나오는 중요한 단어다.

Amazon의 여전사들은 활을 쏘거나 **스피어**(spear 창)를 던질 때 불편하다는 이유로 한쪽 **브레스트**(breast 유방)를 잘라버렸다고 한다. 접두사 a는 '~이 없는' 이라는 의미를 나타내므로 Amazon이라는 단어 자체에 '가슴이 없는' 이라는 뜻이 내포되어 있는 것이다. 이 같은 예로, 무신론자를 뜻하는 atheist(에이씨어스트), 무정부 상태, 혼란 상태를 뜻하는 anarchy(애너키) 같은 단어가 있다.

Amazon의 창업자 제프 베조스(Jeff Bezos)는 이렇게 **팬태스틱**(fantastic 환상적)하고도 이국적이면서 거대한 Amazon River(애머잔 리버) 같은 기업을 만들겠다는 **앰비션**(ambition 포부)을 logo에 나타냈다. 로고를 자세히 살펴보면 처음 A에서 화살이 시작해 Z에 화살촉이 가 있는 것을 볼 수 있는데 이는 A부터 Z까지 세상 모든 **구즈**(goods 제품)를 취급하겠다는 의미를 상징적으로 나타낸다. 실제로 Amazon은 없는 것이 없을 정도로 다양한 상품을 취급하고 있다.

카피(coffee 커피) 체인 스타벅스(Starbucks)는 1971년 역시 시애틀의 바닷가에서 자그만 커피 원두 도매상으로 시작되

었다. 세 명의 **코우파운더**(cofounder 공동
창업자)들은 자신들의 logo에 꼭 '바다에
관한(nautical 노티컬)' 이미지를 나타내고
싶었다. Starbucks(스타아벅스)라는 상호
명은 허먼 멜빌(Herman Melville)의 해양 소설 『모비딕(Moby
Dick)』에 나오는 일등항해사(first mate)의 이름을 딴 것이다.
emblem에 나오는 상반신을 드러낸 **머메이드**(mermaid 인어)
모습은 그리스 신화에 나오는 바다에 사는 세 명의 여자
괴물 사이렌(Siren)이라는 설도 있다.

사이렌은 지금의 나폴리(Naples) 근처 **시**(sea 바다)에 살았던,
반은 새이고, 반은 여자인 괴물이다. 아름다운 노래를 불
러 지나가다 그 노래를 들은 선원들을 미치게 만들어 배가
리프(reef 암초)에 부딪히게 해 선원들을 잡아먹는다는 괴물
이었다. 자기 회사의 커피가 사이렌의 노래만큼이나 치명
적인 **템테이션**(temptation 유혹)이 될 것이라는 사실을 표현하
고 싶었는지도 모르겠다.

그 후 Starbucks는 TV드라마 「섹스 앤 더 시티(Sex and the
City)」, 영화 「악마는 프라다를 입는다(The Devil Wears Prada)」
등에서 주인공들이 해당 기업의 로고가 새겨진 커피 컵을
들고 다니는 장면이 대중들에게 각인되면서 고급 브랜드
로 자리 잡게 되었다.

이탈리아의 최고급(high-end) 패션 브랜드 베르사체(Versace)
의 로고 또한 그리스 신화에 나오는 주인공으로 메두사
(Medusa)다. 메두사는 아테나(Athena) 여신의 신전에서 제사

를 주관하던 **프리스터스**(priestess 여성 사제)
였다. 아름다운 피부와 눈부신 외모로 모
든 이의 이목을 받은 메두사는 금발의 머
릿결이 특히 아름다워 뭇 **맨**(man 남성)의 **체
스트**(chest 가슴)를 설레게 만들었다.

어느 날 그녀를 노리던 바다의 신 포세이돈(Poseidon)이 밤
에 이 신전에서 메두사를 범하고, 이에 분노한 아테나는 메
두사의 얼굴을 **리저드**(lizard 도마뱀)의 껍질로 덮게 하고 머리
칼은 **서펀트**(serpent 뱀)로 만들어버린다. 그리고 누구든 메두
사의 얼굴을 보는 순간 돌이 되는 저주를 내린다. Versace(버
사체이)는 이 이야기에서 신의 저주를 받을 정도로 **시덕티
브**(seductive 유혹적)가 되고 싶은 여성들의 **배너티**(vanity 허영심)
를 채워 주는 제품을 만들겠다는 의미를 담았다. 그리고
Versace는 누구나 갖고싶어 하는 브랜드(brand)가 되었다.

원래 brand(브랜드)는 '낙인을 찍다'라는 의미다. 고대 이집
트에서 노예가 자신의 **오우너쉽**(ownership 소유)임을 나타내
기 위해 **포어헤드**(forehead 이마)에 불로 달군 시뻘건 **아이어느**
(iron 인두)로 낙인을 찍어놓았는데 이 낙인을 brand라고 한
다. 하나님이 카인(Cane)의 이마에 찍어 누구라도 카인을
해하지 못하게 한 표식을 a brand of Cane(어 브랜드 어브 케
인)이라고 한다. firebrand(파이어브랜드)는 '불붙인 방망이,
횃불'이라는 뜻으로, '선동가'라는 의미로 쓰인다.

escape
도주하다

영어에서 ex-가 앞에 붙으면 '바깥으로'라는 의미가 된다. **엑싯**(exit 출구)이나, 이집트에서 노예로 살던 옛 이스라엘인(Israelite)들이 모세(Moses)의 인도로 가나안(Canaan)으로 도피하는 출애굽기(Book of Exodus)에서 '대탈출'을 뜻하는 exodus(엑서더스), '동굴 밖으로 꺼내다(ex 엑스)', 즉 '발굴하다'는 뜻의 excavate(엑스커베이트) 등이 그러한 예다.

옛날 감옥에 갇힌 한 죄수가 어느 날 **모어닝**(morning 아침)에 보니 입고 있던 **오우버코우트**(overcoat 외투)만 남기고 감쪽같이 사라진 일이 있었다. **이스케입**(escape 달아나다)은 여기에서 유래한 단어로, ex에 '외투, 망토'라는 뜻의 cape이 붙어 원뜻은 '외투를 밖으로 던지고'이다.

ex와 반대로 in은 '안으로'라는 뜻으로 **엑스헤일**(exhale 숨을 내쉬다), **인헤일**(inhale 숨을 들이쉬다), **엑스포어트**(export 수출하다), **임포어트**(import 수입하다), **익스클루드**(exclude 제외하다), **인클루드**(include 포함하다) 같은 단어들에서 그 예를 볼 수 있다. ex나 in처럼 앞에 붙어 명사의 의미를 바꾸어 주는 것을 **프리픽스**(prefix 접두사)라 하고, 그 반대인 접미사는 **서픽스**(suffix 접미사)라 한다.

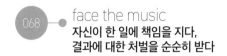

face the music
**자신이 한 일에 책임을 지다,
결과에 대한 처벌을 순순히 받다**

face(페이스)는 '얼굴'이라는 명사로 많이 알고 있지만 **버브**(verb 동사)로 써서 '마주하다, 대면하다'라는 의미로, In life, it's important to face your fears(엔 라이프 잇스 임포어턴트 투 페이스 요어 피어즈)와 같이 사용할 수 있다.

미국의 남북전쟁(American Civil War) 때 군대에서 실수를 저질러 **디사너러벌 디스차아지**(dishonorable discharge 불명예 제대)를 당하는 병사는 말 위에 거꾸로 앉혀져 군악대가 **드럼**(drum 북)을 치며 처량한 **뮤직**(music 음악)을 연주하며 지나가는 것을 마주보는, **휴밀리에이팅**(humiliating 수치스런)한 망신을 당했다. 이 이야기에는 face the music(페이스 더 뮤직)과 '북을 쳐 쫓아내다'라는 의미의 drum out(드럼 아웃)이 있다. 이때 music은 자신의 잘못된 **액션**(action 행동)이 '불러온 **칸서퀜서즈**(consequences 결과들)'나 '결과'를 가리킨다. 주위의 **애드바이스**(advice 충고)에도 **시거렛**(cigarette 담배)을 끊지 못하고, 폐암에 걸린 사람은 자신의 행동에 대해 face the music 해야 한다.

The minister was drummed out of office when it was

discovered that he had been taken bribes.

장관은 뇌물을 받은 것이 밝혀지자 자리에서 해임되었다.

face the music과 같은 표현으로 pay the piper(페이 더 파이퍼)가 있다. pay the pipe는 13세기 독일의 니더작센(Lower Saxony) 지방에 하멜른(Hamelin)이라는 마을이 있었다. 이 마을에는 **랫**(rat 쥐)들이 들끓어 고약한 **플레이그**(plague 페스트)가 유행했다. 어느 날 여러 천을 기워 **파이드**(pied 얼룩덜룩)한 옷을 입은 **파이퍼**(piper 피리 부는 사람)가 나타나, 포상금을 주면 자신이 쥐들을 없애 주겠다고 제안한다. 승낙을 받고 그가 피리를 불자 온 마을의 쥐들이 새까맣게 몰려 나와 음악에 맞춰 줄을 지어 피리 소리가 이끄는 대로 강물로 뛰어들어 죽고 만다.

쥐들이 없어지자 마을의 **메여**(mayor 시장)는 **프라머스**(promise 약속)한 포상금을 지불하지 않고 piper를 내쫓으려고 했다. 그러자 그는 **매직**(magic 마술) 피리를 불어 마을의 모든 **칠드런**(children 아이)들을 어디론가 데려가버린다. 이것이 바로 약속을 지키지 않아 치르는 **스케어리**(scary 무서운)한 대가에 대한 **레선**(lesson 교훈)을 전하는 「하멜른의 피리 부는 사나이(Pied Piper of Hamelin)」라는 유명한 **포욱로어**(folklore 민담)의 내용이다.

false flag
자작극, 가짜 깃발

강대국이 약소국을 **인베이드**(invade 침략)하는 데 즐겨 사용하는 수법이 있다. 자국의 배나 **에어플레인**(airplane 비행기), **빌딩**(building 건물)에 폭격을 퍼부어 무고한 자국민 수백 명을 살상한 후 이를 상대에게 뒤집어씌워 약소국을 침략하는 **프리텍스트**(pretext 구실)로 삼는 것이다. 이들 **컨스피러터**(conspirator 음모자)들의 마음속에는 대의를 위해 사소한 희생쯤은 **칸션스**(conscience 양심)에 거리낄 것이 없다는 **라직**(logic 논리)이 작용한다.

이런 자작극을 false flag(폴스 플래그)라 하는데 대표적인 것으로 일본이 만주(Manchuria)의 철도를 폭파하고 중국에 뒤집어 씌운 만주사변(Manchurian Incident)과, 푸틴(Vladimir Putin)을 대통령으로 당선시키기 위해 KGB가 러시아의 아파트를 폭파해 무고한 시민 300명 이상을 희생시켰다는 음모설(conspiracy theory)이 있다.

원래 이 말은 영국과 프랑스, 스페인이 식민지를 놓고 서로 바다에서 싸운 대항해 시대 당시 **배틀쉽**(battleship 전함)에 자국의 '진짜 기(true flag)'을 달지 않고 '가짜 깃발(false flag)'을 달아 자국 **플릿**(fleet 함대)을 공격한 후 상대에게 뒤집어 씌운 데서 비롯되었다. fleet은 한 나라나 회사가 소유한 총 선박이나 차량을 나타내며, 특수한 임무를 띤 선박, 비행기, 차량의 **개더링**(gathering 모임)을 나타낸다. 포경 선단은 fleet of whalers(플릿 어브 웨이러즈)라 한다.

fertility treatment
불임 치료

형용사 fertile(퍼틀)은 **랜드**(land 토지)가 '비옥한, 소출이 풍부한'이라는 의미 외에 '아이를 쑥쑥 잘 낳는, 상상력[창의력]이 풍부한'이라는 의미로도 사용된다. 명사형인 fertility(퍼틸러티)는 '비옥, 임신, 다산'의 의미로 fertility rate는 birth rate(버쓰 레이트)와 마찬가지로 '출산율'을 의미한다.

반대말은 **인퍼틸리티**(infertility 불모, 불임)인데 그래서 '불임 치료'를 infertility treatment로 해야 할 것 같지만 fertility treatment(퍼틸러티 트릿먼트)라고 하는 것이 일반적이다.

요즘은 열 쌍 중 한 쌍의 비율로 많은 부부가 infertility로 고민하고 있어 '시험관 아기 (in vitro baby)' 시술을 하는 경우가 많다. 시험관 시술을 in vitro fertilization(인 빗로우 퍼틸리제이션)

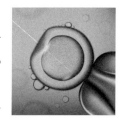

이라 하는데 간단히 머리글자들만 따서 IVF라 한다. 정상적으로 **프레그넌시**(pregnancy 임신)가 되지 않는 **와이프**(wife 아내)의 **바디**(body 몸)에서 **오우범**(ovum 난자)을 꺼내 **허즈번드**(husband 남편)의 **스펌**(sperm 정자)과 체외 수정을 시켜 그 수정란을 **서러것 머더**(surrogate mother 대리모)의

웜(womb 자궁)에 이식해 임신하고 **차일드버쓰**(childbirth 출산)하게 하는 **웨이**(way 방법)도 있다.

참고로 1986년 여배우 강수연이 주연해 베니스 영화제에서 여우주연상을 수상한 한국 영화 「씨받이」의 영어 제목이 「The Surrogate Womb(더 서러것 웜)」이었다.

file a suit
소송을 제기하다

우리가 흔히 알고 있는 **파일**(file 서류)이라는 단어에는 '소송을 제기하다'라는 **미닝**(meaning 뜻)이 있다. '소송, 탄원'이라는 suit(숫)와 결합해 file a suit라고 하면 '소송을 제기하다'라는 의미로 흔히 쓰이는 표현이다. file a missing persons report(파일 어 미싱 퍼선즈 리포어트)는 '실종자 수색을 신청하다' 또는 '신청하다, 탄원하다'의 의미도 있다. file에는 '줄을 서다'는 뜻도 있어 file into a bus(파일 인투 어 버스)는 '줄지어 버스로 들어가다'라는 의미다.

filibuster
합법적 의사 진행 방해

2016년 초 대한민국 국회에서 '테러 방지법' 통과 문제를 놓고 야당에서 강행해 유명해진 말이 filibuster(필러버스터)다. 네덜란드어(Dutch)로 vrijbuiter(브리비터)는 '해적'이라는 뜻인데 여기에서 영어로 같은 의미의 freebooter(프리부터)라는 단어가 나왔다. 뒤에 freebooter는 '남의 재산을 빼앗고, 온갖 혼란을 일으키는 자'를 가리키게 되었다.

19세기 말 미국 **파얼러먼트**(parliament 의회)에는 **어젠더**(agenda 의제)와 상관없이 단상을 점거해 **디스터번스**(disturbance 난동)를 부리는 의원들의 행동을 '해적'과 닮았다 하여 freebooter(프리부터)라 불렸는데 이 freebooter가 filibuster가 되었다. '해적'이라는 의미로 흔히 쓰는 표현은 pirate(파이럿)이다. boot(붓)은 '전리품, 약탈품'을 뜻한다.

flex one's muscles
힘이 있음을 보여 주다, 무력시위하다, 위협하다

flex(플렉스)는 '구부리다, 수축시키다'라는 의미의 동사로 flex muscles(플렉스 머슬즈)는 직역하면 '근육을 불룩하게 만들다, 알통을 만들다'라는 의미다.

중국의 **익스팬션**(expansion 확대)되는 군사력에 **앵자이어티** (anxiety 불안)를 느낀 미국과 일본이 동중국해에서 **밀러테어리 드릴**(military drill 군사훈련)을 하는 경우를 가리킬 때 주로 사용된다. **시멀러**(similar 비슷한)한 의미로 rattle one's saber(래틀 원즈 세이버)라는 표현이 있다.

The attorney general is flexing his legal muscles to enforce gun control laws.
법무장관은 총기 규제 법률을 시행하려고 자신의 정치적 영향력을 발휘하고 있다.

follow suit
남이 하는 대로 따라 하다, 선례를 따르다

카드 게임은 같은 문양의 패를 짝패라 하여 하트, 스페이드, 클럽, 다이아몬드 네 종류로 각 열세 장으로 **컨피그여에이션**(configuration 구성)되어 있다. 이 짝패를 suit(숫)이라 하는데 어디에도 속하지 않는 카드를 조커(Joker)라 하여 두 장 혹은 네 장이 포함되어 있고, 카드 한 벌은 총 54장 혹은 56장의 카드로 구성되어 있는데 이 카드 한 벌을 deck(덱)이라 한다.

suit에는 Ace(에이스), 1(원), 2(투), King(킹), Queen(퀸)같이 **넘버**(number 번호) 등이 **인그레이브드**(engrave 새기다)되어 있어 이것을 '**핍**(pip 끗)'이라 하는데 포커 게임 중 하나로, 어떤 사람이 처음 뽑은 카드의 suit에 따라 다음 사람은 같은 suit의 카드를 내야 하는 게임이 있다. follow suit(팔로우 숫)은 여기에서 나온 표현이다.

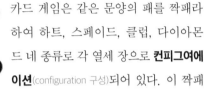

If other stores lower their prices, we'll have to follow suit.
만약 다른 가게들이 가격을 내린다면 우리도 그에 따를 수밖에 없다.

1900년대 초반, **피넛**(peanut 땅콩)은 흔해 빠진 **크랍**(crop 작물)이어서 적은 **머니**(money 돈)로도 쉽게 **퍼처스**(purchase 구매)할 수 있었던 데서 나온 말이다.

'닭 모이'를 뜻하는 chicken feed를 써서 for chicken feed(포어 치컨 피드)라는 표현도 같은 의미다.

work for peanuts(웍 포어 피넛스)는 '푼돈을 받고 일하다'라는 의미다.

If you pay peanuts, you get monkeys
네가 푼돈을 지급하면 너는 원숭이를 얻는다

위는 유명한 **맥섬**(maxim 격언)인데 여기에서 monkey(멍키)는 '별 볼 일 없는 사람, 일을 잘 못하는 사람'이라는 뜻이다. 즉 '능력있는 사람을 얻으려면 충분한 **샐러리**(salary 급여)를 주어야 한다'는 의미다.

비슷한 의미로 on a shoestring(안 어 슈스트링)이라는 말은 '쥐꼬리만 한 돈으로'라는 의미로, 보통 live on a shoestring(리브 안 어 슈스트링)의 **폼**(form 형태)으로 사용된

다. shoestring(슈스트링)은 '신발끈'을 뜻하는 말로 **스왐프**
(swamp 늪)에 빠진 사람이 누군가가 던져 준 shoestring을
붙잡고 겨우겨우 늪에서 빠져 나오는 광경을 **이매저네이션**
(imagination 상상)하면 그 의미를 이해할 수 있을 것이다.

lift(리프트)는 '들어 올리다'라는 의미를 나타내고, 지게차의 앞이 긴 포크처럼 생긴 탓에 forklift(포어클리프트)는 지게차를 가리키는 표현이다. 자동차의 백미러는 영어로 rear mirror(리어 미어러), rearview mirror(리어뷰 미어러)라 하는데 re-는 '뒤'를 나타내는 **프리픽스**(prefix 접두사)다. 아픔이나 고통을 '경감하다, 덜어주다'라는 의미의 단어는 relieve(릴리브)인데 이는 re + lift가 붙어 '뒤를 들어 주다'라는 의미에서 만들어진 단어다. 무거운 **카아트**(cart 수레)를 끌고 오르막을 오르는데 누군가가 뒤(re 레이)에서 **리프트**(lift 올려)해 주는 그림을 상상하면 **언더스탠딩**(understanding 이해)이 쉬울 것이다.

She was given a shot of morphine to relieve the pain.
그녀는 고통을 줄이기 위해 모르핀 주사를 맞았다.

relieve(릴리브)에는 '힘든 일을 하고 있는 사람의 역을 대신하다'라는 의미도 있다.

I'm on duty until 2 PM, and then Peter is coming to relieve me.
나는 오후 2시까지 근무하지만 그 뒤는 피터가 교대를 하러 올 거야.

relieve와 같은 뜻으로 alleviate(얼리비에잇)이라는 표현이 있는데 al + lift + ate 형태로, 무거운 것을 '들어 받쳐 주다'라는 의미가 된다.

This drug will alleviate cold symptoms.
이 약은 감기 증상을 완화시켜 줄 것이다.

relieve의 **나운**(noun 명사)은 relief(릴리프)로, 택시의 근무 교대 기사를 relief driver(릴리프 드라이버)라 하고, **베이스볼**(baseball 야구)에서의 구원 투수를 relief pitcher(릴리프 피처), 구제 금융을 relief loan(릴리프 로운)이라 한다. **파인 아아트스**(fine arts 미술)에서 **스컬프처**(sculpture 조각)와 **페인팅**(painting 회화)의 중간 기법 중에 부조(浮彫 돋을새김)를 relief라 한다. 평판에 밑그림을 그려, **백그라운드**(background 배경)를 파내면 본 그림은 뒤에서 누가 받치듯, 붕 떠서 보이는 기법이라 붙은 이름이다.

franchise
참정권, 선거권, 독점 판매권

선거권은 suffrage(서프리지)라 하는데 franchise(프랜차이즈)에도 같은 의미가 있다. **위먼즈 서프리지**(women's suffrage 여성 참정권)가 미국에서 **내셔널**(national 전국적)로 시행된 것은 1920년이었다.

franchise에는 **거번먼트**(government 정부)나 시에서 일반인에게 주는 '독점 사업권'이라는 뜻과 함께, 큰 회사가 자신들의 상품을 한 **인더비저월**(individual 개인)이 특정 지역에서 자기 회사의 이름을 걸고 판매할 수 있도록 허가하는 '독점권'을 나타내기도 한다. 패스트푸드점이나 후라이드치킨 **프랜차이즈**(franchise 가맹점)가 이에 속한다.

「스타워즈(Star Wars)」나 「007」처럼 같은 주인공들이 한 영화에서 시리즈 형태로 계속 출연하는 연작(連作)도 franchise라고 한다. 따라서 Harry Potter franchise(헤어리 파터 프랜차이즈)는 영화 「해리 포터 연속작」을 가리킨다.

freelancer
자유 계약자, 프리랜서

freelancer(프릴랜서)를 freelance worker(프릴랜스 워커)라고도 한다. lance(랜스)는 **미디벌**(medieval 중세)의 기사들의 무기로 '긴 창'을 뜻하고, freelancer는 귀족이나 영주들에게 고용되어 창을 다루는 기술을 제공하는 **머서네어리**(mercenary 용병)를 가리킨다. mercenary는 돈을 받고 전투를 하는 '용병'으로 **칸트랙트**(contract 계약)가 끝나면 더 나은 **페이**(pay 보수)를 제공하는 주인을 찾아 자리를 옮긴다.

이 freelancer라는 표현은 1819년 스코틀랜드의 로빈 후드(Robin Hood)의 활약을 다룬 소설 『아이반 호(Ivanhoe)』에서 처음 등장했다. 최근에는 어떤 집단에 소속되지 않고, 자신의 **탤런트**(talent 재능)를 자유로이 거래하는 **엑스퍼트**(expert 전문가)를 나타내게 되었다.

헤아릴 수 없을 만큼 많은 **스타**(star 별)들로 이루어져 부옇게 보이는 galaxy(갤럭시)를 우리 **앤세스터**(ancestor 조상)들은 은빛 강물이 흐르는 것 같다 하여 은하수(銀河水)라 **콜**(call 부르다) 했는데 서구에서는 우유를 뿌려 놓은 길 같다 하여 the milky way(더 밀키 웨이) 또는 galaxy라 불렀다. 그리스어 gala 또는 라틴어 lacto는 '우유'를 의미한다. 그래서 '젖산'을 lactose(랙토우스) 또는 galactose(걸랙토우스)라 하고, 어려운 단어로 '젖산균'은 lactobacillus(랙토우버실러스)라 한다.

아웃스탠딩(outstanding 걸출한)한 인재들의 모임을 가리켜 galaxy라 표현하기도 하므로 a galaxy of artists(어 갤럭시 어브 아티스트스)라고 하면 '기라성 같은 예술가들'이라는 뜻을 나타낸다.

glass ceiling
보이지 않는 장벽

자유와 **이퀄러티**(equality 평등)가 최고로 발달한 미국에서도 눈에 보이지 않는 **디스크리머네이션**(discrimination 차별)과 **배어리어**(barrier 장벽)는 지금도 현재진행형이다. 할리우드 영화에서 **코케이전**(caucasian 백인)과 **블랙**(black 흑인)의 키스 장면을 본 사람이 있는가? 지금도 보이지 않는 인종 차별은 여전히 존재한다.

대기업이나 정치계에서 여성이 높은 자리를 차지하는 것은 극히 **마이노러티**(minority 소수)에 불과하다. **글래스**(glass 유리)로 만든 **실링**(ceiling 천정)처럼 눈에 안 보이는 차단막이 존재하는 것이다.

2008년 오바마에 밀려 대통령 후보 지명에 **페일드**(failed 실패한)한 힐러리는 다음과 같이 말했다.

Although we were not able to shatter the highest, hardest glass ceiling this time…

비록 우리는 가장 높고, 가장 단단한 유리벽을 이번에는 깨지 못

했지만⋯

8년의 세월이 지난 2016년 6월 7일 마침내 후보로 확정된 힐
러리에 대해 미국의 유력 **뉴즈페이퍼**(newspaper 신문) 「데일리
비스트(The Daily Beast)」는 다음과 헤드라인을 내보낸다.

Hillary Clinton shatters America's 240-year-old glass ceiling
힐러리가 마침내 미국의 240년에 걸친 유리 천정을 깨다.

go cold turkey
술, 담배, 마약 등을 단번에 끊다

누 이어(new year 새해)가 되면 여기저기서 금연이나 금주 같은 '새해 결심(New Year's resolutions)'을 하는 사람들을 많이 보게 된다. 예를 들어, 담배를 오늘은 스무 개비, 내일은 열아홉개비 하는 식으로 **그래주얼**(gradual 서서히)하게 끊으려고 하는 사람들이 있는 반면에 단칼에 딱 끊어버리는 (go cold turkey) 사람들도 있다. **애딕트**(addict 마약 중독자)가 갑자기 약물 투여를 **어보어트**(abort 중단)하게 되면 금단 현상으로 식은땀이 흐르고 얼굴이 창백해지며(turn pale) 피부에 닭살이 돋고(get goose bumps), 꼭 얼러서 싸늘한 **터키**(turkey 칠면조)처럼 **클래미**(clammy 축축해)해진다고 한다. 그래서 cold turkey(코울드 터키)가 '갑작스런 약물 중단'을 의미하는 표현이 되었다.

Finally, she went cold turkey on a 23-year smoking habit and hasn't smoke since.
마침내 그녀는 23년간의 흡연 습관을 단칼에 끊어버렸고 그 이후로 흡연을 하지 않고 있다.

go down the rabbit hole
나락으로 굴러떨어지다

『이상한 나라의 앨리스(Alice in Wonderland)』에서 **시스터**(sister 언니)와 **뱅크**(bank 둑)에 앉아 놀던 앨리스는 언니가 읽고 있던 **북**(book 책)을 곁눈질해 보지만 책에는 아무런 그림도 없고 **보어드**(bored 지루)하기만 하다. 그런 무료함을 달래고 있던 앨리스에게 어디선가 **베스트**(vest 조끼)를 입은 하얀 토끼가 나타났다. '늦었다, 늦었어' 하며 회중시계를 보며 자기 앞을 '질러 가는(run across)' 토끼를 **팔로우**(follow 따라가)하던 앨리스는 토끼가 굴로 뛰어들어 가는 것을 보고 자신도 함께 뛰어들어 간다.

이 표현은, 그렇게 **엔들러슬리**(endlessly 끝없이)하게 밑으로 떨어진 앨리스가 온갖 **어메이징**(amazing 신기한)한 경험을 한다는, 환상이 가득한 **페어리 테일**(fairy tale 동화)에서 유래했는데 '안 좋은 상황으로 추락함'을 가리킨다.

I have a drug issue, so I decided to just avoid going down that rabbit hole altogether.

나는 마약 때문에 문제가 있어. 그래서 어찌 됐건 그 나락으로 떨어지는 것만은 피하기로 했어.

go postal
미쳐 날뛰는

go postal(고우 포우스털)은 그냥 '미쳐 날뛰는'이 아니라 무기를 들고 다 죽일 듯이 **레이빙**(raving 발광)하는 상태를 가리키는 말인데 postal(포우스틀)은 '우체국의'라는 뜻이다.

1990년도 초반의 미국 우체국(post office)은 업무량이 지나치게 많고 직장 내 왕따 문제도 심각해 스트레스를 이기지 못한 **메일 캐어리어**(mail carrier 우체부)가 직장에 나타나 총기를 난사하는 **인서던트**(incident 사건)가 잦았다.

1986년 8월 오클라호마(Oklahoma) 주의 post office(포우스트오퍼스)에서 한 우체국 직원(postal worker)이 직장에서 총기를 난사해 열네 명의 동료를 **머더**(murder 살해)하는 사건을 시작으로, 십 년 동안 비슷한 사건이 스무 건 이상 일어나 약 마흔 명이 사망했다.

우체부를 postman(포우스트먼)이라 하지만 미국 영어에서는 mailman(메일맨)이라 한다. 일반적으로 성차별을 피하기 위해 mail carrier라고 쓴다.

go postal은 여기서 유래한 숙어로 똑같은 표현으로 run amuck(런 어먹)이 있다.

*After finding her computer's wallpaper had been changed
again, she went postal on her fellow workers.*

그녀의 컴퓨터 바탕화면이 또 바뀐 것을 알고, 그녀는 동료 직원
들에게 잡아먹을 듯이 덤벼들었다.

야간 근무

3교대 근무에서 **미드나이트**(midnight 자정)부터 아침 8시까지의 근무를 graveyard shift(그레이발드 쉬프트)라고 하는데 이 말은 saved by the bell(세이브드 바이 더 벨)과 관련이 있다. 산 채로 묻힌 사람이 혹 깨어나 bell을 울릴 경우를 대비해 야간에 경비를 서는 임무를 말하는 것이다.

shift(쉬프트)는 '변화, 이동'의 의미에서 '근무 시간, 교대 조'라는 뜻이 되었다. graveyard는 단순히 '묘지'를 가리키고, cemetery(세머테어리)도 같은 뜻이나 이는 주로 '공동묘지'를 가리킬 때 쓴다. 우리나라의 국립현충원에 해당하는 것이 미국의 알링턴 국립 묘지(Arlington National Cemetery)다.

auto graveyard(오토우 그레이발)드는 '폐차장', mass grave(매스 그레이브)는 '공동묘지'를 뜻한다.

좀더 확장하여 왕의 무덤같이 거대한 '능'은 mausoleum(모설리엄)이라 한다. mausoleum이라는 단어는 약 2400년 전 오늘날 터키의 한 지방을 다스리던 페르시아의 **샛랩**(satrap 총독)인 마유솔로스(Mausolos)의 거대한 무덤에서 따온 것이다. 이 무덤은 '고대의 7대 불가사의(The Seven Wonders of the Ancient World)' 중 하나로 꼽힌다.

영국을 지칭하는 대표적
인 표현으로 England(잉글
랜드)가 있지만 흔히 Great
Britain(그레이트 브리턴)이
라고도 많이 쓰며 British(브리티쉬)라 하면 영국인을 가리
킨다. 지금으로부터 2,000년도 더 지난 아주 옛날, 기원전
에 로마는 방대한 영토를 **캉퀘스트**(conquest 정복)하며 대제
국을 이루었다. 로마는 자신들이 정복한 지역을 자신들의
언어인 라틴어로 지명을 붙였다. 이들은 지금의 영국 땅을
Britannia로 불렀는데 Great Britain은 여기서 나온 말이다.
그 밖에 독일을 Germany(저머니)라고 하는 것은 라틴어
Germania에서 유래했다. 스페인(Spain)은 로마인들이 현
재 Spain 지역을 Hispania(히스패녀)로 부른 것에서 비롯되
었다. Hispania에서 에스파니아어로 'Hi'가 탈락해 '스파니
아'가 되면서 오늘날 Spain이라는 국명이 나온 것이다. 로
마의 속주인 갈리아(Gaul)는 지금의 '프랑스' 지역을 지칭하
는 말로, 오늘날에도 Gaul(골)이라고 하면 프랑스인들을 **카
머디**(comedy 익살)하게 부르는 용어가 되었다.

green with envy
무척 부러워하는, 몹시 질투하는

1600년대의 영국에서는 아픈 사람의 창백한 **컴플렉션** (complexion 얼굴빛)이 푸르스름한 **휴**(hue 색조)를 띠어 **젤러시** (jealousy 질투심)에 불타는 얼굴빛과 같다고 생각했다.

셰익스피어(William Shakespeare)의 희곡 「베니스의 상인(The Merchant of Venice)」에 Green-eyed jealousy(그린 아이드 젤러시) 즉, '푸른 눈의 질투'라는 표현이 나온다.

그의 희곡 「오셀로(Othello)」에도 Green-eyed monster(그린 아이드 만스터), '푸른 눈의 괴물'이라는 표현이 있는데 먹잇감를 잡아먹기 전에 가지고 노는 푸른 눈의 고양이에서 착안한 것이라는 설도 있다.

Sharon's going off to the south of France for 3 weeks and we're all green with envy.

샤론이 3주간 프랑스 남부로 여행을 떠나자 우리 모두는 무척 부러워했다.

087 have the balls
배짱이 있다

balls(볼즈)는 '**테스티컬**(testicle 고환)'을 뜻하는 속어이다. testicle에는 '남자다움, 용기'라는 **메터포리컬**(metaphorical 은유적)인 의미도 **카너테이션**(connotation 함축)되어 있다. 우리말에 남자가 겁이 많아 사소한 일에도 벌벌 떨면 '사내가 불알도 없다'라 하는데 영어에서 have the balls(해브 더 볼즈)는 그 반대의 의미로 '배짱이 있다'라는 표현이다.
복수형인 balls가 testicle의 의미로 사용되고 있다. 보통 have got the balls(해브 갓 더 볼즈) 형태로 You've got the balls(유브 갓 더 볼즈) 즉, '너 참 배짱 한번 좋구나'라고 말한다.

You don't even have the balls to ask for a girl's number!
사내자식이 여자 전화번호 하나 딸 용기도 없니?

'용기 있는 자가 미인을 얻는다'라는 말이 있듯이 여자는 **대쉬**(dashing 박력) 있고, **것**(gut 배짱) 한 남자를 좋아한다. gut 또는 guts(것스)는 원래 '내장'이라는 뜻이지만 '용기'라는 의미로 쓰

이고, nerve(너브)는 '신경'이라는 뜻 외에 '뻔뻔함, 기개'라는 뜻이 있어 have the nerve(해브 더 너브), have the guts(해브 더 것스)는 have the balls와 비슷하게 쓰인다. 그러나 have a ball(해브 어 볼)은 '즐거운 시간을 보내다'라는 뜻으로 have the balls와는 전혀 다른 뜻이 된다.

So how was the party yesterday? It was wonderful, we had a ball.
그래서 어제 파티는 어땠니? 멋졌어, 우리는 즐거운 시간을 보냈어.

088 ● hazard
위험, 우연한 일

hazard(해저드)는 일어날 **파서빌러티**(possibility 가능성)가 있는 '위험'을 나타내는 말로, '불확실한 일'이라는 의미도 있다. 형용사형인 hazardous(해저더스)는 '위태로운, 모험적인, 운에 맡기는'이라는 의미로 많이 사용된다.

hazard는 아랍어로 **다이스**(dice 주사위)를 뜻하는 al zahr에서 유래했다. 주사위 도박에서 돈을 잃을지 딸지 알 수 없는 **언서턴**(uncertain 불확실)한 상황을 연상하면 이해가 될것이다.

hear it through grapevine
풍문으로 듣다

hear it through grapevine(히어 잇 쓰루 그레입바인)은 어떤 **뉴 즈**(news 소식)를 비공식적으로 들어서 알았을 때 쓰는 말이 다. 사무엘 모스(Samuel Morse)가 처음 워싱턴에서 볼티모 어로 전보를 보내는 데 성공한 것은 1844년의 일이었다. 이전에도 **가섭**(gossip 뒷담화)이나 소문에 의해 비공식적으로 **워즈 어브 마우쓰**(words of mouth 입소문)를 통해 중요한 정보가 삽시간에 퍼져 나갔다. 전보 망을 구축하기 위해서는 수 천 킬로미터에 달하는 거리에 **포울**(pole 말뚝)을 박고 **와이어** (wire 전선)를 연결했는데 이 wire가 꼭 **그레입바인**(grapevine 포 도나무)의 **텐드릴**(tendril 덩굴손)처럼 늘어져 있어 새로운 정보 가 포도덩굴을 통하여 전해진다고 생각한 데서 나온 표현 이다. through the grapevine(쓰루 더 그레입바인)을 on the grapevine(안 더 그레입바인) 혹은 by the grapevine(바이 더 그 레입바인)이라고도 한다.

She heard through the grapevine that he was being promoted.
그녀는 그가 진급했다는 것을 소문을 통해 들었다.

heat advisory
폭염주의보

글로우벌 워어밍(global worming 지구온난화)으로 세계적으로 점점 기온이 올라가는 추세다. **힛스트로욱**(heatstroke 열사병)은 미국기상청(National Weather Service)에서 발표하는 **웨더**(weather 기상) 경고로 '열지수(heat index)'가 최소 **페런하이트**(fahrenheit 화씨) 105도에서 최대 115도까지 하루 3시간 이상 지속될 때 발령된다. 화씨 105도는 **셀시어스**(celsius 섭씨) 40.5도를, 화씨 115도는 섭씨 46도를 가리킨다. 또 **트라피컬 나이트**(tropical night 열대야)에 대한 경보는 밤의 최저 기온이 화씨 80도(섭씨 약 27도) 이상으로 이틀 연속으로 지속될 때 발령된다. 이처럼 이상적으로 높은 **스웰터링**(sweltering 푹푹 찌는)한 무더위는 대기 중의 높은 **휴미더티**(humidity 습도)에 의한 것으로 열사병 등의 원인이 되어 노약자들의 사망 원인이 되기도 한다.

미국에서는 기온을 나타낼 때 주로 화씨를 사용해 섭씨를 사용하는 우리로서는 낯선 감이 있는데 Fahrenheit를 Celsius로 바꾸는 공식은 너무 복잡해 쓰기에 어려움이 있다. 대충 바꾸는 방법으로, 화씨에서 25를 뺀 다음 2로 나누면 얼추 비슷하게 떨어진다.

hell hath no fury
여자가 한을 품으면 오뉴월에도 서리가 내린다

서구에서 말하는 **헬**(hell 지옥)은 우리 동양 사람이 생각하는 것보다 훨씬 **테러러벌**(terrible 끔찍)하다. 사람이 죽어서 hell 에 떨어지면 영원히 꺼지지 않는 지옥 불에서 타는 벌을 받고, 거짓말을 한 사람은 혀를 뽑히는 형벌을 받는다. 상상만 해도 소름이 끼치는 온갖 형벌이 종합선물세트처럼 펼쳐진 곳이 바로 지옥이다.

Hell hath no fury(헬 해쓰 노우 퓨리)의 원래 표현은 Hell hath no fury like a woman scorned(헬 해쓰 노우 퓨리 라익 어 워먼 스콘드)로서 직역하면 '지옥에서도 (사랑의)멸시를 받은 여자의 분노만 한 것은 없다'. 즉 지옥의 형벌이 아무리 무섭다 해도 사랑에 **빗레열**(betrayal 배신)을 당한 여성의 분노보다는 덜 무섭다는 의미로 여자의 원한이 얼마나 무서운지를 나타낸다.

hath(해쓰)는 have(해브)의 고어 투다. 이 표현은 18세기 초 영국의 극작가이자 **포우엇**(poet 시인)인 윌리엄 콘그리브(William Congreve)의 연극 「애도하는 신부(The mourning bride)」에 나오는 대사에서 비롯되었다.

history
역사

history(히스터리)의 어원이 '하나님의 이야기', 즉 his+story 에서 왔다는 설이 있으나 실제로는 '꼬치꼬치 캐묻다'라는 의미의 그리스어와 라틴어 단어 historia에서 유래했다고 한다. 역사 시대는 **케릭터**(character 문자)가 발명되어 사건들 이 **레커드**(record 기록)되기 시작한 후를 말하며, **렐릭**(relic 유물) 으로만 추측할 수 있는 문자 기록 이전의 시대를 **프리히스 토어리**(prehistory 선사 시대)라 한다.

history에는 지금은 쓰지 않는 '구식 물건, 잊혀진 인물'이 라는 의미도 있다.

LP records are history.

LP 레코드판은 요즘은 볼 수 없다.

Don't worry about him. He is now history.

그에 관해서는 걱정하지 마. 이제 그는 한물간 사람이야.

hold out an olive branch
화해의 태도를 보이다, 유화 제스처를 보이다

hold out an olive branch(호울드 아웃 앤 알러브 브랜치)를 직역하면 '올리브(olive) 가지를 내밀다'라는 의미다. **바이벌**(Bible 성경)의 **제너서스**(genesis 창세기)에서 '**더 플러드 어브 노우어**(the Flood of Noah 노아의 홍수)' 때 노아가 물이 빠졌는지 알기 위해 **피전**(pigeon 비둘기)을 날렸더니 올리브 가지를 물고 왔다는 데서 유래한 말이다. '홍수'라는 의미로 flood(플러드)를 사용하는 것이 일반적이지만 deluge(델류지)도 많이 사용한다.

I always try to hold out the olive branch to someone I have offended. Life is too short for a person to bear grudges for very long.

나는 내가 기분 상하게 한 사람에게 늘 먼저 화해를 신청해. 인생은 오랫동안 원한을 품고 살기에는 너무 짧아.

homophobia
동성애 혐오증

호주 출신의 여배우 니콜 키드먼 (Nicole Kidman)은 **버터플라이**(butterfly 나비)에 대한 극도의 **포우비어**(phobia 공포증)를 가지고 있었다고 한다. 나비나 **모쓰**(moth 나방)를 보는 순간 숨이 멎을 것 같고, 실신할 지경으로까지 몸을 떠는 이런 드문 병적 증상을 lepidopterophobia(레피답터러 포우비어)라 한다. lepidoptera는 나비를 나타내는 라틴어로, **사이카이엇리**(psychiatry 정신의학) 용어이며, 일상에서는 거의 쓰이지 않는다.

어떤 사람은 뱀이나 **프라그**(frog 개구리) 같은 **렙타일**(reptile 파충류)을, 또 어떤 사람은 비행기 타는 것에 극도의 **피어**(fear 공포심)를 가져 아예 **트래벌**(travel 여행) 자체를 포기하기도 한다. 사람에 따라 아무 해가 없는 평범한 것에 과하게 공포감을 느끼는 증세를 phobia라고 한다.

수많은 phobia 중에 가장 대표적인 것이 **서포우비어**(mysophobia 세균공포증, 결벽증), **클로스트러포우비어**(claustrophobia 폐쇄공포증), **시너포우비어**(cynophobia 개에 대한 공포), **어고어러포우비**

어(agoraphobia 광장공포증), **제너포우비어**(xenophobia 외국인혐오), **액러포우비어**(acrophobia 고소공포증), **어액너포우비어**(arachnophobia 거미공포증) 같은 것이 있다. 그중에 homophobia(호우머포우비어)나 xenophobia를 가진 사람이 **호우모우섹슈얼**(homosexual 동성애자)이나 **포러너**(foreigner 외국인)에 대해 무차별적인 폭행이나 테러를 저지르는 범죄를 **헤이트 크라임**(hate crime 증오 범죄)이라고 해서 미국과 영국 법에서 특히 무겁게 처벌하고 있다.

hypocrite
위선자

사회적으로 존경을 받는 교육자나 종교 지도자들이 가끔 전혀 생각지도 못한 범죄를 저지르는 것을 보고 사람들은 **샥**(shock 충격)을 받는다. 겉으로는 고상하고 **모럴**(moral 도덕적) 한 사람인 것처럼 행동하고, 숨어서는 정반대의 모습을 보이는 것을 '**히파크러시**(hypocrisy 위선)'라고 한다.

hypocrite(히퍼크릿)은 고대 그리스어로 hypokrites로 '**액터**(actor 배우)' 혹은 '**스테이지 플레여**(stage player 연기자)'를 가리킨다. 고대 그리스의 actor들은 큰 **매스크**(mask 가면)를 쓰고 그 mask 아래 적혀진 대로 연기해야 했기 때문에 hypokrites에는 '가면 아래의 **인털러터**(interpreter 통역자)'라는 의미가 있다. interpreter와 비슷한 단어로 translator(트랜슬레이터)가 있다.

in broad daylight
백주 대낮에

2016년 6월 16일 영국의 국회의원 (MP: Member of Parliament)인 41세의 조 콕스(Jo Cox)가 영국 북부의 한 도시 버스톨(Birstall)에서 **컨스티추언트**(constituent 유권자)들과 만나 대화를 나누던 중 **인 브로드 데일라이트**(in broad daylight 백주 대낮)에 52세의 한 남성에 의해 칼에 찔리고 **슈팅**(shooting 총격)으로 사망하였다.

콕스는 인권운동가로 활약하다 일 년 전 막 '야당인 노동당(opposition Labour Party)' **로메이커**(lawmaker 의원)로 당선된 두 아이의 어머니로, 활기찬 에너지와 삶에 대한 열정으로 의정 활동을 벌여 왔다.

집권 보수당(Conservative Party)의 영국 총리 데이비드 캐머런(David Cameron)은 **율러지**(eulogy 추모사)에서 떠오르는 별(rising star)이자 장래가 **프라머싱**(promising 촉망되는)한 그녀의 죽음에 애도의 뜻을 전했다.

살해 동기는 밝혀지지 않았지만 영국이 유럽 연합(EU: European Union)에 남을 것인가 **윋드로얼**(withdrawal 탈퇴)할 것인가를 결정하는 브렉시트(Brexit: British Exit)에 대한 열띤 **레퍼렌덤**(referendum 국민투표)을 앞두고 영국이 EU에 머물러야 한다는 주장을 한 그녀를 타깃으로 한 테러 가능성이 제기되었다.

기독교 신앙에 따르면 인간은 근본적으로 **시너**(sinner 죄인)이다. 아담과 이브의 원죄(original sin)가 있기 때문이다. 예수님을 영접하고 믿는 자는 **헤번**(heaven 천국)에 가지만 그렇지 아니한 자는 아무리 선한 사람도 반드시 지옥으로 떨어진다. 그런데 여기에 모순이 있다.

예수님이 오시기 전에 죽은 자들이나, **뱁티점**(baptism 세례)을 받지 못하고 사망한 유아는 어떻게 될까? 지옥에 가는가? 이 때문에 나온 개념이 limbo(림보우)다.

이렇게 본의 아니게 예수님을 영접할 기회가 없었던 **소울**(soul 영혼)들은 limbo에 머무르게 된다. limbo는 heaven과 hell(헬)의 **보어더**(border 경계선)나 **에지**(edge 끝머리) 쯤에 있는 곳으로, 이런 사람들의 영혼이 머무는 **어보우드**(abode 거처)라고 할 수 있다.

Her promotion 프러모션 is in limbo for month.
그녀의 승진은 몇 달 채 답보 상태에 있다.

미국에서만 주로 쓰이는 단어다. 1900년대 초반, '도시에 사는 뺀질이(city slicker)'들은 시골 사람들(country men)을 '멍청이, 촌놈'이라는 의미로 jay(제이)라고 불렀다. 또 '**언서피스티케이티드**(unsophisticated 교양이라고는 없는), **심펄턴**(simpleton 얼간이)'이라는 의미로 country bumpkins(컨트리 범프킨즈), hicks(힉스)라고 **마커리**(mockery 조롱)를 했는데 모두 **컨템프추어스**(contemptuous 경멸)의 의미가 담긴 표현들이다.

뉴욕에 온 이런 jay들은 **크라스왁**(crosswalk 횡단보도)이 아닌 데서 길을 건너거나 **시그널**(signal 신호)을 몰라 자주 사고를 일으켰다.

jay는 **크로우**(crow 까마귀) 비슷한 '어치'라는 새를 의미하기도 하므로 이 새처럼 아무렇게나 촐싹거리며 길을 건너는 시골 사람을 비하하는 의미로 사용되었다.

juggernaut
통제 불능의 거대한 힘

인도 **힌주이점**(hinduism 힌두교)에서 가장 존경받는 신인 크리슈나(Krishna)의 신상을 인도 범어인 산스크리트어로 Jagannath라 불렀다. 영어로는 Juggernaut(저거놋)이라 한다. 일 년에 한 번, 이 신상을 모시고 **마아치**(march 행진)하는 거대한 **캐어리지**(carriage 마차) 주위로 힌두교 신자들이 모여들었고, 이 거대한 마차의 **윌**(wheel 바퀴)에 깔려 죽으면 천국에 간다는 미신이 돌아 마차로 몸을 던져 죽는 '열성적인 **데버티**(devotee 추종자)'가 속출하기도 했다. juggernaut은 여기서 유래한 말로, 영국에서 이 표현은 '큰 중장비'나 '대형 트럭'을 뜻하기도 한다. bureaucratic juggernaut(뷰러크래틱 저거놋)은 '비대한 관료'를 뜻한다.

K-9 unit
경찰견 부대

범죄자 **트레이스**(trace 추적)나 마약
류 수색, **익스플로우시브**(explosive
폭발물) 탐지 등의 **펄리스**(police 경
찰) 업무를 보조하는 경찰견 부
대를 K-9 unit이라 한다. 경찰견으로 가장 많이 사용되는
개의 품종은 독일 셰퍼드(German Shepherd)다. **도그**(dog 개),
울프(wolf 늑대), **팍스**(fox 여우) 등의 갯과 동물을 canine(케이나
인)이라 하는데 두드러지게 보이도록 발음이 같은 K-9을
익살스럽게 대용한 것이다. '송곳니'를 canine tooth(케이나
인 투쓰)라고 하는데 모양이 늑대의 뾰족한 이빨과 닮았기
때문이다.

*Man, I'm lucky I wasn't pulled over by the K-9 unit while
smuggling this crack.*
*이봐, 다행히 내가 이 마약을 밀수하는 동안 경찰견 부대가 내
차를 세우게 하지 않았어.*

kidney failure
신부전

좀 어려운 의학 용어지만 일반 **칸버세이션**(conversation 대화)에서 널리 쓰이는 용어로 kidney(키드니)는 콩팥으로 '신장'을 말하며 failure(페일르여)는 흔히 '실패'라는 의미로 알고 있지만 '기능의 정지'라는 뜻으로도 쓰인다. 즉 kidney failure는 콩팥이 제 **펑크션**(function 기능)을 못하는 질병으로 신부전을 말한다. 다른 예문으로 heart failure(하아트 페일르여)는 '심장마비'를, power failure(파워 페일르여)는 '정전'을 의미한다.

Her pancreas and other organs are failing.
그녀의 췌장과 다른 장기들의 기능이 떨어지고 있다.

kindergarten
유치원

우리말과 일본어는 참 많이 닮았다. 우리말로 '해'는 일본어로 '히'라 하고, '아침'은 '아사'라 한다. '노루'는 일본어로 '노로'라 하고 '곰'은 '구마'라 하는데, 「용비어천가(龍飛御天歌)」에 보면 '곰'의 조선 초기 발음은 '고마'였다. 삼국시대에는 일본과 백제 사람은 통역 없이 대화가 가능했다고 하는데 독일어(German, German language)와 영어도 이와 똑같다고 할 수 있다.

독일어와 영어는 몇 천 년 전부터 같은 뿌리에서 나왔고, 이런 경우를 '언어가 친족 관계에 있다'고 한다. 집을 뜻하는 영어의 house(하우스)를 독일어로는 haus라 하고, 아버지 father(파더)는 vater라 한다. 아이를 영어로 child(차일드), kid(키드) 모두 쓰는데 독일어로 kind는 '아이', 영어의 **가아던**(garden 정원)은 garten이라 한다.

유치원을 뜻하는 영어의 kindergarten(킨더가아턴)은 '아이들이 자라는 정원'이라는 뜻의 독일어에서 온 단어다. kindergarten은 1840년 독일의 한 교육자가, 유치원은 아이가 꽃밭의 화초처럼 귀하게 자라는 곳이어야 한다는 의미로 만든 단어다.

모두 앵글로 색슨어(Anglo Saxon language)에 속하는 독일어, 영어, 덴마크어(Danish)가 서로 갈라진 지는 500년 정도밖에 되지 않는다. 독일어는 영어를 모국어(mother tongue)로 쓰는 사람에게 있어서 '삼촌어(uncle tongue)'인 셈이다.

신동(神童 prodigy)은 wunderkind(원더카인드)라고도 하는데 이 단어 역시 '놀라운 아이'라는 의미의 독일어에서 온 말이다. **디파아트먼트 스토어**(department store 백화점) 식품 코너에서 햄이나 치즈 같은 비싼 수입 **푸드**(food 식품)를 파는 곳이나 **이그자틱**(exotic 이국적인)한 음식점을 delicatessen(델리커테선) 혹은 deli라 하는데 이 역시 '**델러컷**(delicate 섬세한) 먹거리'라는 뜻을 가진 독일어에서 왔다.

'생김새가 똑같은 사람'을 뜻하는 doppelganger(다펠갱어)나 '시대정신, 시대사조'를 뜻하는 zeitgeist(자잇가이스트)도 모두 독일에서 건너온 단어들이다. 이외에도 셀 수 없을 만큼 많은 영어의 **보우캐별레어리**(vocabulary 어휘)가 독일어와 **커넥티드**(connected 연결)되어 있다.

kiss of betraya
배반의 입맞춤

kiss of betraya(키스 어브 빗레 이어)는 최후의 만찬(The last supper) 다음날 '가롯 유다(Judas Iscariot)'가 로마 병사에게 **지저**

스(jesus 예수)가 누구인지를 알려 팔아넘기기 위해 예수의 **칙**(cheek 뺨)에 키스한 데서 유래했다.

카인드너스(kindness 친절)를 보여 주지만 사실은 그 친절이 **디셉션**(deception 속임수)임을 나타내며, 같은 의미로 kiss of Judas(키스 어브 주더스)라는 표현을 쓰기도 한다.

104 ─● late bloomer
대기만성, 늦깎이

에이지(age 나이)가 들어 **석세스**(success 성공)한 사람을 late bloomer(레이트 블루머)라고 한다. 스코틀랜드의 여 가수 수전 보일(Susan Boyle)이 경연 프로그램 「Britain's Got Talent(브리턴즈 갓 탤런트)」에서 **컨스피큐어스**(conspicuous 두각)를 나타내며 국제적 오페라 가수로 **라이징**(rising 떠오른)한 것은 그녀의 나이 48세 때의 일이었다.

「쇼생크 탈출(The Shawshank Redemption)」의 흑인 명배우 모건 프리먼(Morgan Freeman)이 연기자로 세상에 **노운**(known 알려진)된 것은 그의 나이 57세 때의 일이었다. 두 사람의 경우가 대표적인 late bloomer라 할 수 있다. bloom(블룸)은 명사로는 '꽃'을 의미하고, 동사로는 '꽃이 피다'라는 뜻을 나타낸다.

보통 leave no stone left unturned(리브 노우 스토운 레프트 언턴드)로도 쓰며, 직역하면 '어떤 돌도 들리지 않은 채로 두지 않는다'가 되는데 고대 그리스(ancient Greece)의 극작가 에우리피데스(Euripides)가 남긴 이야기에서 그 유래를 찾을 수 있다.

BC 477년 한 **제너럴**(general 장군)이 전투에 패해 **릿릿**(retreat 후퇴)하면서 막대한 **트레저**(treasure 보물)를 비밀 장소에 묻어 두었는데 **빅터어리**(victory 승리)한 쪽의 general이 이 treasure를 찾기 위해 그 지역을 **써로우리**(thoroughly 샅샅이)하게 뒤졌지만 도저히 찾을 수가 없었다.

그들은 결국 **프라퍼시**(prophecy 예언)인 태양의 신 아폴로(Apollo)의 신전 델포이(Delphi)로 가 **오어러컬**(oracle 신탁)을 받기로 한다. '델포이 신탁(oracle of Delphi)'의 예언은 그 지역의 모든 **스토운**(stone 돌)을 뒤집어보라는 것이었고, 예언대로 한 결과 treasure를 찾을 수 있었다.

'악인은 변한 척해도 실제 본성을 숨기지 못한다'는 비유적인 의미로 **오편**(often 자주)하는 표현이다. 동양에서는 "군자는 표변(豹變)한다"는 성어로, '큰 사람은 자신의 **미스테익**(mistake 잘못)을 깨달으면 **레퍼드**(leopard 표범)가 **스팟스**(spots 반점)를 바꾸듯 잽싸게 **커렉트**(correct 바로잡다)한다'라 하여, leopard가 자신의 spots를 자유자재로 바꾼다고 생각하는 데 반해 서양에서는 정반대로 생각하는 모양이다.

Leopard can't change its spots(레퍼드 캔트 체인지 잇스 스팟스)는 성경의 예레미야서(Jeremiah) 13장 23절에 나오는 **비블러컬 버스**(biblical verse 성경 구절)로 사람은 자신의 '**이네이트 네이처**(innate nature 타고난 천성)'를 쉽게 바꾸지 않는다는 의미로 널리 쓰이는데 우리 속담에 '제 버릇 개 못 준다'라는 표현과 일맥상통한다.

다음 성경 구절은 타고난 천성에 따라 악에 익숙해 절대 선을 행할 수 없음을 **아이러니**(irony 반어법)로 표현하고 있다.

Can the Ethiopian change his skin, or the leopard his spots?

then may ye also do good, that are accustomed to do evil.

에티오피아인이 피부색을 바꿀 수 있겠느냐, 표범이 그 무늬를 바꿀 수 있겠느냐? 만약 그리 하다면 악에 익숙한 너희도 선을 행할 수 있으리라.

leverage
차입경영을 하다

leverage(레버리지)는 어려울 수 있는 **에커나믹스**(economics 경제학) 용어로 '빚을 내어 **스페큘레이션**(speculation 투기)을 해 큰 **프라핏**(profit 이익)을 얻다'라는 뜻이다.

레버(lever 지레)를 사용하면 작은 힘으로 무거운 짐을 쉽게 들어 올릴 수 있는 것처럼 **로운**(loan 대출)을 받아 이익이 많이 나는 **비즈너스**(business 사업)를 하여 돈을 버는 speculative investment(스페큘러티브 인베스먼트) 즉, 투기적 투자를 말한다.

With leverage, the investor's $100,000 buys $500,000 or more of stock if he wants.

차입경영을 이용하면 투자자의 10만 달러로, 원하기만 하면, 50만 달러 이상의 주식을 살 수 있다.

loan shark
고리대금업자

셰익스피어(William Shakespeare)의 희곡 「베니스의 상인(The Merchant of Venice)」에는 유대인 **로운 샤아크**(loan shark 고리대금업자)인 샤일록(Shylock)이 남자 주인공 바사니오(Bassanio)에게 돈을 갚지 못하면 그의 살 1파운드를 베어 가는 것을 조건으로 돈을 **렌드**(lend 빌려주다)하는 이야기가 나온다.

어마어마하게 높은 **인터어레스트**(interest 이자)를 붙여 돈을 빌려주고 제때 돈을 갚지 못하면 악랄한 짓을 하는 사람을 loan shark(로운 샤아크)라 한다. shark는 '상어'를 뜻하는 말로, 피도 눈물도 없는 독한 사람을 가리킨다. 성경에서도, 코란에서도 이런 **유저리**(usury 고리대금업)는 엄격히 금지하고 비난한다.

lobster
바닷가재

콜럼버스가 처음 미 대륙을 발견한 이후 이 신세계(New world)로 **마이그레이트**(migrate 이주)해 오던 **세털러**(settler 정착민)를 태운 배가 해안으로 다가가자 갑자기 배의 속력이 줄어들며 앞으로 나아가지가 않는다. 바다를 가득 메운 **라브스터**(lobster 바닷가재) 때문이었다.

해안을 따라 lobster가 산더미처럼 밀려와 쌓여 그 **하이트**(height 높이)가 무려 2피트(60센티미터)에 달했다고 한다. 사람들은 맨손으로 이 **서스터넌스**(sustenance 음식물)를 주워 담기 시작했고, **프라이스**(price 가격)는 '**더트 칩**(dirt-cheap 헐값)'이었다. 오늘날 lobster를 배불리 먹을 수 있는 사람이 몇이나 되겠나.

구어메이(gourmet 미식가)의 입맛을 자극하는 최고급 **크러스테이션**(crustacean 갑각류)인 lobster는 당시에는 죄수나 견습공, 흑인 노예가 먹던 음식이었다. 당시 매사추세츠(Massachusetts) 주에서는 노예가 새 주인과 계약를 할 때 계약서에 주 2회 이상은 lobster를 먹이지 않

겠다는 **스티펄레이션**(stipulation 규정)을 넣으라고 요구했고, 그렇게 하지 않으면 계약을 않겠다고 **스터번**(stubborn 고집)을 부렸다고 한다.

처음 바닷가재 가두리가 생긴 곳은 1876년 메인(Maine) 주의 바이널헤이븐(Vinalhaven)이라는 항구였다. 이곳은 아직도 바닷가재 **피셔리**(fishery 어업)의 전진 기지로 자리 잡고 있다.

lobster라는 단어는 라틴어 locustus, 즉 **로우커스트**(locust 메뚜기)에서 나왔다. lobster의 생김새가 꼭 locust를 닮은 데서 유래했다. crustacean은 '딱딱한 **크러스트**(crust 껍질)로 싸인 동물'이라는 뜻이다.

loose cannon
어디로 튈지 모르는 사람, 골칫덩이

이 표현은 원래 '해사(海事) 용어'였다. 18세기 영국의 군함에서는 적과 싸우기 위해 **캐넌**(cannon 대포)을 **로웁**(rope 밧줄)으로 제자리에 단단히 고정시켜 놓아야 했는데 때로는 cannon을 묶은 밧줄이 **루스**(loose 헐거워져)해져 풍랑이 거세질 때면 오히려 아군을 덮쳐 사상자를 내기도 했다.

그래서 loose cannon(루스 캐넌)은 **언프리딕터블**(unpredictable 예측 불가능)하고 통제가 안 되는 '골칫덩이 인간'을 나타내는 단어가 되었다.

2016년 5월 초 민주당의 힐러리(Hillary R. Clinton)가 사실상 공화당 대선 후보로 확정된 트럼프(Donald Trump)를 가리켜 loose cannon이라고 공격한 바 있다.

She is regarded as a loose cannon by her colleague.
그녀는 직장 동료에게 골칫덩이로 여겨진다.

make ends meet
근근이 살아가다, 빠듯하게 살아가다

우리나라에도 현재는 수기 **하우스키핑 북**(housekeeping book 가계부)을 쓰기보단 컴퓨터로 가계부를 작성하는 경우가 많다. 하지만 1980년대만 해도 년초면 가계부를 구입하는게 유행이었다.

make ends meet(메익 엔즈 밋)은 사용 빈도가 매우 높은 표현인데 그때 가정에서 가계부를 작성할 때 오른쪽에는 **스펜딩**(spending 지출)을, 왼쪽에는 **인컴**(income 수입)을 적어 **데퍼섯**(deficit 적자)이 나지 않도록 **엔드**(end 끝)를 힘들게 **밋**(meet 맞추는) 하는 것을 떠올리면 이해하기 쉬울 것이다.

To make ends meet, she runs a day-care center in her house.
먹고살기 위해 그녀는 자신의 집에서 탁아소를 운영했다.

make heads or tails
정확히 이해하다

사커(soccer 축구) 경기에서 첫 공격의 **퍼지션**(position 위치)을 정할 때 **레퍼리** (referee 심판)가 **코인**(coin 동전)을 던져 결정하는데 이때 쓰는 표현이 flip a coin(플립 어 코인)이다. 명사형은 coin flipping(코인 플리핑)이다.

사소한 내기나 **시퀀스**(sequence 순서)를 정할 때 우리는 주로 가위 바위 보를 하는 데 비해 영미권에서는 coin flipping으로 결정하는 경우가 많다.

coin flipping을 할 때 앞면이 나오면 **헤즈**(heads 머리), 뒷면이 나오면 꼬리라 한다. 결국 make heads or tails(메익 헤즈 오어 테일즈)는 동전을 던져 결과를 아는 것처럼 무언가를 이해한다는 뜻이다.

The odds of coin landing on heads are 50%.
동전이 앞면이 나올 확률은 50퍼센트다.

malpractice
의료 사고, 의료 과실

미국에서 가장 자살률이 높은 직업군은 **섶라이징**(surprise 놀랍게)하게도 **닥터**(doctor 의사)라고 한다. 원인은 맬프랙터스 (malpractice 의료 사고)로 소송에 휘말리거나 소송당할지도 모른다는 **오우시디**(OCD 강박증)에 시달리는 스트레스 때문 이라고 한다. malpractice는 의료나 법률 같은 '**프러페션** (profession 전문직)의 행위'를 나타내는 practice(프랙티스)라는 말에, '나쁜'이라는 의미의 접두사 mal- 이 붙어 만들어진 단어다.

맬늇리션(malnutrition 영양실조), **맬뤨**(malware 악성코드), **맬러디** (malady 질병, 병폐), **맬러피션트**(maleficent 해를 끼치는), **맬펑크션** (malfunction 고장) 같은 단어들이 mal- 이 붙어 부정적인 의미 로 사용되는 경우다. 전염병인 malaria(멀레어리어)도 '나쁜 (mal-)+공기(air)'의 형태로 만들어진 단어다. 옛 사람들은 malaria가 **펄루션**(pollution 오염)된 공기에 의해 전염된다고 생각했다.

114 · mani-pulite
깨끗한 손

이탈리아어로 mani-는 '손'을 나타내고 pulite는 '깨끗한'을 의미한다. 유럽에서도 이탈리아는 정치적으로 후진적인 국가로 **커럽션**(corruption 부패)이 심했다. 1990년대 들어 정치와 corruption의 고리를 끊기 위해 대규모 부패 척결 운동인 mani-pulite(마니 풀리테) 운동이 일어나고, **팔러티션**(politician 정치인)들을 상대로 대대적인 **인베스터게이션**(investigation 수사)이 시작되었다. 전체 의원 중 절반 이상의 politician이 수사 대상에 올랐고, 수천 명의 기업가들이 **브라이브**(bribe 뇌물) 제공 혐의로 **디테인**(detain 구속)되면서 자살하는 **서스펙트**(suspect 피의자)들이 속출했다.

mani-는 '손'을 뜻하므로 manicure(매니큐어)는 '손톱 손질, 매니큐어'를 가리키고, 전자제품이나 자동차를 구입하면 따라오는 설명서를 '손 안에 들어갈 정도로 작게 만든 책'이라는 뜻으로 manual(매뉴얼)이라 한다. 또한 인형극 같은 데서 줄을 '조작하다'라는 의미로 manipulate(머니펄레이트)라는 표현을 쓰고, 선박이나 항공기를 조종하는 것을 maneuver(머누버)라 하는 것은 모두 '손(mani-)'을 사용해 하는 일이기 때문이다.

maverick
독불장군, 소신파, 무당파 정치인

1860년대 미국의 텍사스(Texas) 주에 새뮤얼 매버릭(Samuel Maverick)이라는 사람이 있었다. 그는 **캐틀**(cattle 소떼)을 키우는 **랜처**(rancher 목장주)였다. 당시에는 텍사스 주의 드넓은 **패스처**(pasture 초원)에서 길 잃은 **카우**(cow 소)를 놓고 rancher들 사이에서 서로 자기 소라고 우기며 다툼을 벌이는 일이 잦았다. 그래서 rancher들은 자기 cattle의 귀나 **힙**(hip 엉덩이)에 불 인두로 **실**(seal 도장)을 찍어 자신의 소유임을 **첵**(check 확인)했는데 매버릭만은 이를 '잔인한 일(cruel practice)'이라며 하지 않았다. 자연히 낙인이 찍히지 않은 **비스트**(beast 짐승)는 그의 소유로 인정되었다.

이후 1930년대에 들어서 한 정치인이 출마를 **데클러레이션**(declaration 선언)하며 유세 중에 "이 당 저 당, 당의 이름이라는 도장을 찍지 않고 무소속으로, 오직 유권자만을 위한 정치를 하겠다"고 말하며 매버릭의 이름을 들먹이면서 유명해졌다. 그 이후로 무소속 정치인을 independent(인디펜던트)라 한다.

메더터레이니언(mediterranean 지중해)은 수천 년 전부터 지금까지 서양과 동양의 문명이 충돌하며 역사를 만들어 내고 있는 바다로서 위로는 유럽, 아래로는 북아프리카, 동쪽으로는 아시아 대륙에 둘러싸여 있다.

'지중해(地中海)'라는 말 자체가 '땅 중간에 있는 바다'라는 의미다. medi-(메디-)는 '가운데, 중간'을 뜻하는 말로, **레스터란트**(restaurant 식당)에서 스테이크를 주문할 때 중간 정도로 익히는 것을 medium(미디엄)이라 한다. medium에는 '매체'라는 의미도 있는데 복수로 mediums(미디엄즈)라고 하면 사람과 **고우스트**(ghost 귀신) 사이에서 매개 역할을 하는 '무당'이라는 뜻이 된다. mediator(미디에이터)는 '중간 거래인'을, mediocre(미디오우커)는 성적이 '보통의, 그저 그런'이라는 의미를 나타낸다. 조금 더 확장하자면 지금의 이라크 땅의 티그리스(Tigris)와 유프라테스(Euphrates) 강 사이에 자리 잡은 지역에서 **맨카**

인드(mankind 인류) 최초의 문명인 Mesopotamia(메서퍼테이미어) 문명이 일어났는데 Mesopotamia는 '가운데, 사이에'를 뜻하는 meso-(메소우-)와 '강'이라는 의미의 potamia가 결합해 만들어진 단어다.

중앙아메리카(Central America)를, meso-를 붙여 Mesoamerica(메소우어메리커)라고 부르기도 한다. terra(테어러)는 '땅, 흙'을 의미하는 말로, territory(테리토어리)는 '영토', terrain(터레인)은 '지형', 흙으로 구운 '토기'는 terra cotta(테어러 카터)라 한다.

117 ● megalomania
과대망상

megalomania(메걸로우메이니어)는 '크다'는 의미의 megalo-에 '미친, 광기의'라는 뜻의 mania가 붙어 만들어진 단어다. maniac(메이니액)은 '미치광이', megalomaniac(메걸로우메이니액)은 '과대 망상가'를 뜻한다.

남의 집에 불을 내고 이를 즐기는 '방화벽'은 '불'을 의미하는 pyro-(파이로-)에 mania가 붙어 pyromania(파이로우메이니어)라 하고, 돈이 없거나 **푸어**(poor 가난)한 것도 아닌데 백화점 같은 데서 **씽**(thing 물건)을 **스틸링**(stealing 훔치는)하는 일을 즐기는 '병적인 도벽'은 kleptomania(클렙터메이니어)라 한다. klepto-(클렙토우-)는 '도둑'이라는 뜻이다. 희귀한 정신질환 중 여자가 성적 욕망이 **애브노어멀**(abnormal 비정상)적으로 높은 '색정광'은 nymphomania(님포우메이니어)라고 하고, '색정녀'는 nymphomaniac(님포우메이니액)이라고 한다. nympho-는 그리스, 라틴어로 '신부'라는 의미다. 이런 mania는 기본적으로 **멘털 디레인지먼트**(mental derangement 정신적 혼란)'에서 비롯된 것이다.

Metric system
미터 법

디스턴스(distance 거리)나 **웨잇**(weight 무게)을 잴 때 전 세계적으로 대부분의 나라는 Metric system(멕릭 시스템)을 쓰지만 미국, 미얀마, 아프리카의 라이베리아(Liberia), 세 나라만은 '야드 파운드 법(imperial system 혹은 imperial units)'을 쓴다. Metric system은 프랑스에서, Imperial system(임피어리얼 시스템)은 **잉글런드**(England 영국)의 **임피어리얼**(imperial 제국 시절) 때 만들어졌기에 이런 이름이 붙었다.

처음 미국에 가면 제일 **임베어러스**(embarrass 당황)하게 되는 것이 이 계량형이다. **렝크쓰**(length 길이)를 나타낼 때 우리는 m, cm, km를 쓰는데 미국에서는 inch(인치), feet(핏), yard(야아드), mile(마일)을 사용하고, 무게는 우리의 g, kg 대신 온스(ounce), 파운드(pound)로 표시한다. 5miles라는 **로우드 사인**(road sign 도로 표지판)은 앞으로 거리상 약 8킬로미터 더 가야 한다는 표시다.

1mile은 약 1,609미터다. 예를 들어 사람의 키를 나타낼 때 5' 6"(5 feet 6 inches)는 약 171센티미터를 나타낸다. 사람의 발 길이에서 온 foot(풋)은 약 30센티미터, inch는 약 2.5센티미터를 나타낸다.

몸무게도 미국에서는 파운드를 쓰는데 150pounds는 약 68킬로그램에 해당한다. 1pound는 450그램이다. Metric system은 **데서멀**(decimal 십진법)로 되어 있어 100센티미터가 1미터이며, 1,000미터는 1킬로미터로 굉장히 편리하다. Imperial system에서는 12inches가 1foot이고, 3feet가 1yard다. 약 1.6킬로미터에 해당하는 1mil은 feet(ft)로 5280ft이며, yard로는 1,760yard로 계산이 매우 복잡하다. 미국에서는 이렇듯 **템프러처**(temperature 온도)나 신발 **사이즈**(size 치수), **발륨**(volume 부피), **매스**(mass 질량) 등이 모두가 판이하게 틀리다. 이렇게 **캄플러케이터드**(complicated 복잡)한 Imperial system을 전 세계가 쓰는 Metric system으로 바꾸어 쓰자는 **캠페인**(campaign 운동)이 여러 차례 있었지만 미국인들은 완고하게 이 어려운 측정법을 고집하고 있다. 그 **리전**(reason 이유)은 간단하다. 오래 사용해 익숙하기 때문이다. 새로운 방식을 익히기가 번거롭고 귀찮은 것이다. 우리나라 사람들도 **밋**(meat 고기)을 살 때 한 근, 두 근을 주로 쓰고, 아파트의 넓이를 나타낼 때 '평'을 고집하듯이 습관은 쉽게 바꾸기 어려운 법이다.

MILF(에마이엘레프)는 M.I.L.F.라고
도 하는데 점잖은 자리에서는 사용
할 수 없는 속어이다. MILF는 Mother
I'd Like to Fuck(머더 아이드 라익 투 펔)
의 머리글자를 딴 두문자어(頭文字語)
인데 이런 단어를 가리켜 acronym(액

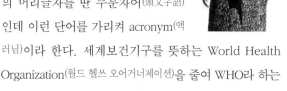

러님)이라 한다. 세계보건기구를 뜻하는 World Health
Organization(월드 헬쓰 오어거너제이션)을 줄여 WHO라 하는
것이 대표적 acronym이다.

MILF는 결혼해 자녀를 둔 여성 중에 30대, 40대를 지나
50대가 되어도 멋지고 아름다워, 젊은 남성이 보아도 **참**
(charm 매력)이 있는 중년 여성을 지칭하는 말로서 칭찬으로
간주된다. 1999년 미국의 TV시트콤「American Pie(어메리
컨 파이)」에서 한국계 연기자 존 조(John Cho)가 처음 사용해
유행어가 되었다.

'암표범'을 뜻하는 cougar(쿠거)라는 단어는 연하의 남성만
사귀는 중년 여성을 가리킨다.

miranda warning(머랜더 워어닝), miranda rights(머랜더 라잇스)라고도 한다. 경찰이 피의자를 **어에스트**(arrest 체포)하거나 신문하기 전에 **스테잇먼트**(statement 진술)를 거부할 권리와 **카운설**(counsel 변호인)의 도움을 받을 **라이트**(right 권리)가 있음을 피의자에게 알려 주어야 한다는 **프린서펄**(principle 원칙)이다.

1963년 3월, 미국 애리조나 주에서 에르네스토 미란다(Ernesto Miranda)라는 멕시코계 23세 청년이 18세 소녀를 **키드냅**(kidnap 납치) 및 강간한 혐의로 경찰에 체포되었다. 미란다는 변호사가 없는 상태로 경찰의 신문을 받은 후 범행을 인정하고 진술서에 **사인**(sign 서명)했다.

하지만 **트라열**(trial 재판)이 시작되자 미란다는 강요에 의해 **컨페션**(confession 자백)했다며 자신의 진술을 번복하고 **낫 길티**(not guilty 무죄)를 주장했다. 그러나 애리조나 주법원은 그의 주장을 받아들이지 않고 중형을 **센턴스**(sentence 선고)했다. 미란다는 주 대법원에 **어필**(appeal 상고)했지만 역시 유죄 판결을 받는다.

그는 마지막으로 미국 **칸스터투션**(constitution 헌법) 수정 조항 제5조의 진술 거부권과 제6조의 변호인 선임권을 침해당했다고 주장하며 연방대법원에 상고했다. 1966년, 마침내 연방대법원은 그에게 무죄를 선고했다.

이 판결 이후 대부분의 주정부 경찰에서는 미란다 경고문을 만들어 피의자를 체포하거나 신문할 때 이것을 미리 읽어 주도록 했다. 이후 다음과 같은 **머랜더 워어닝**(miranda warning 미란다 경고)은 형사 드라마에 빠짐없이 나오는 상투어가 되었다.

misogyny
여성 혐오

서구에서 이슬람 **익스트리미점**(extremism 극단주의) IS에 **조인** (join 가입)하려고 시리아나 아프가니스탄으로 밀입국하는 사례가 늘고, 또 요즘 우리나라에서도 '묻지 마' 범죄가 많다. 대부분의 희생자가 여자인 것으로 밝혀져 **미저지니** (misogyny 여성혐오)에 의한 **퍼나머난**(phenomenon 현상)은 아닌가 하는 해석까지 돌고 있다. 사실 misogyny는 어려운 용어로 잘 안 쓰이다가 이런 일련의 사건으로 자주 보게 된단다. misogyny에서 miso는 '**헤잇러드**(hatred 증오)'라는 그리스어이고 gyne는 '여자'를 가리킨다.

서구 문명을 보면 대부분 misogyny가 바탕에 깔려 있다. 사람들은 인류에게 원죄가 생긴 것은 선악과를 따먹은 이브 때문이라는 **레커그니션**(recognition 인식)이 있고, 지금까지도 가톨릭과 일부 **프라터스턴티점**(Protestantism 개신교)에서는 여자를 성직자로 임명하지 않고 있다. 성경의 **커린씨언즈** (Corinthians 고린도전서)에서도 "여자는 교회에서는 잠잠하라 (Women should remain silent in the churches)"고 가르치고 있다. 이슬람에서는 여자를 남자의 등골을 빼는 존재로 인식한다. misogynist의 **앤터님**(antonym 반대말)은 **미샌드리**(misandry 남성 혐오)이며, '남성 혐오자'는 misandrist(미샌드리스트)라 한다. 한편 '남녀평등주의자'는 feminist(페머니스트)라 하고 '성차별' 은 sexism(섹시점), '성차별주의자'는 sexist(섹시스트)라 한다.

modus operandi(모우더스 아퍼랜디)는 라틴어로 **아퍼레이
션**(operation 실행)하는 방법을 가리키는 것으로, 일반적으
로 범죄 수사에서 범인들의 범행 수법을 뜻한다. 보통
M.O.로 줄여 쓴다.

흔히 범죄 사건이 발생하면 **디텍티브**(detective 형사)들은 우
선, 이전에 **어커런스**(occurrence 발생)한 동종의 유사한 사건
을 **인베스터게이트**(investigate 조사)함으로써 범인을 잡는 것
이 기본이다.

*Their M.O. was to target Asian-owned businesses, create a
diversion and then swipe a money bag or register receipts.*

그들의 범행 수법은 아시아계가 소유한 가게를 타깃으로, 관심
을 딴 곳으로 돌리게 한 다음 돈 가방을 낚아채거나 금전등록기
에서 돈을 빼 가는 방식이었다.

123 — molotov cocktail
화염병

1939년, 러시아(Russia)가 핀란드(Finland)를 **어택**(attack 공격)한다. 일정 부분의 **테리토어리**(territory 영토)와 항구를 차지하기 위해서였는데 이 전쟁을 '겨울 전쟁(Winter War)'이라고 부른다. 당시 러시아가 핀란드의 **캐피털**(capital 수도)인 헬싱키(Helsinki)에 대량의 **밤**(bomb 폭탄)을 퍼붓는데 이후 러시아의 외무부 장관 몰로토브(Molotov)는 이것이 폭격이 아닌, 배고픈 **핀즈**(Finns 핀란드 사람)들에게 '빵과 음료수'를 투하한 것이라 둘러댔다. 이 Finns들은 이 폭격을 'Molotov's breadbasket(몰러타프스 브레드배스컷)' 즉, '몰로토브의 빵 바구니'라는 표현으로 비꼬아 부르게 된다.

Finns는 유리병에 석유나 가솔린 혹은 타르를 넣어 헝겊으로 **스타퍼**(stopper 마개)를 한 후 헝겊 끝에 **파여**(fire 불)를 붙여 화염병을 던졌다. 이들은 진격해 오는 러시아의 탱크를 향해 이 화염병을 던지며 격렬하게 **리지스턴스**(resistance 저항)했는데 이 화염병을 Molotov cocktail(몰러타프 칵테일)이라 이름 붙였다.

mortgage(모어거지)는 원래 '죽은'이라는 의미의 라틴어 mort-(모어트-)와 '약속, 맹세'라는 의미의 gage(게이지)가 결합해 만들어진 단어로 직역하면 '죽은 약속(dead pledge)'이라는 의미다. **뎃**(debt 채무)을 **리페이먼트**(repayment 변제)하거나 지급하지 못하게 되면 계약이 **익스팅크션**(extinction 소멸)되기 때문에 그렇게 표현했다고 한다.

mortgage는 특히 **스펠링**(spelling 철자)에 유의해야 할 단어다. mortal(모어털)은 형용사로 '죽을 운명인, 반드시 죽는'이라는 뜻이며, 명사로는 '인간'을 의미한다. 반대말인 immortal(이모어털)은 형용사로 '죽지 않는, 불멸의'라는 뜻이며, 명사로는 '불사신, 신'을 의미한다. 그리고 gage가 들어간 engagement(엔게이지먼트)에는 '예약, 약속' 또는 '약혼'이라는 의미가 있다.

Mossad
모사드, 이스라엘 첩보 기관

모사드(Mossad)는 1950년에 설립된 이스라엘의 '비밀 정보기관(secretive intelligence agency)'이다. 1972년 뮌헨올림픽(Munich Olympic)에서 열한 명의 이스라엘 **플레여**(player 선수)를 학살한 팔레스타인 테러 단체 '검은 9월단(Black September)'의 멤버들을 추적하여 암살한 '신의 분노 작전(the Wrath of God)'으로 전 세계에 **서브스턴스**(substance 실체)가 드러나게 되었다. 이 기관의 활동은 철저히 **시크릿**(secret 비밀)에 붙여졌는데 Mossad(모우새드) **국장**(director 디렉터)의 이름이 밝혀진 것은 1996년 일이었다.

이스라엘은 시리아, 레바논, 이라크 등 **하스털 컨트리**(hostile country 적대국)에 둘러싸여 무엇보다 **서바이벌**(survival 생존)의 문제가 절실한 국가다. 그런 만큼 적국의 정보를 수집해 직접 수상(prime minister)에게 보고하는 기관이 필요했다. Mossad의 표면적 임무는 전 세계의 **퍼서큐션**(persecution 박해) 받는 유대인을 돕는 것이지만 실제로는 아랍의 각 나라에 침투해 불법적으로 하마스(Hamas)나 헤즈볼라(Hezbollah)의 지도자들을 암살하는 것이 주 목적이다. Mossad는 그에 **이퀴벌런트**(equivalent 상응)하는 미국의

CIA나 러시아의 KGB보다 베일에 싸여 모든 비밀 활동 (clandestine operation)은 극비에 붙여지고 있으며, 전직 나치 등 이스라엘에 해를 끼친 인물은 수단 방법을 가리지 않고 지구 끝까지 쫓아가 살해하는 것으로 **인퍼머스**(infamous 악명) 가 높다.

For Arab women, showing their hair is the equivalent of strolling down the street in nothing but a thong.
아랍 여성에게 있어서 그들의 머리칼을 내보이는 것은 팬티 한 장만 입고 거리를 걷는 것과 같다.

muscle
근육

muscle은 라틴어로 '작은 쥐(little mouse)'를 나타내는 musculus에서 온 표현이다. 보디빌더가 우람한 팔 **머설**(muscle 근육)을 자랑할 때 꿈틀거리는 알통이 마치 보자기 속의 쥐의 움직임과 닮았다 하여 붙여진 것이다.

muscle은 범죄 세계에서 실제로 범법 행위를 행동에 옮기는 '행동책'을 가리키기도 한다. **플랏**(plot 음모)을 짜는 무리의 우두머리는 ring leader(링 리더) 또는 mastermind(메스터마인드)라 한다.

necrocracy
유훈 통치

북한은 김정일이 죽고 그의 아들 김정은이 **허레더테어리**(hereditary 세습)하자 고인이 된 아버지의 **누클리어**(nuclear 핵) 개발과 선군 정치를 그대로 이어받고, 김정일의 **버쓰데이**(birthday 생일)를 국경일로 **커메머레이션**(commemoration 기념) 하는 등 죽은 자가 나라를 다스리는 '유훈 통치'를 계속하고 있다. 이를 가리켜 necrocracy(너크라크러시)라 한다. 웬만한 **딕셔네어리**(dictionary 사전)에는 잘 나오지 않는 난이도가 높은 단어다. necro-(너크로우-)는 '시체'를 뜻하는 접두사로, 죽은 자와 산 자를 연결해 주는 '무당'이나 '점쟁이'를 necromancer(네크러맨서)라 하고, '마법'이나 '신 내림'을 뜻하는 강신술(降神術)은 necromancy(네크러맨시)라 한다. 아주 드문 **사이코우서스**(psychosis 정신병) 중에 죽은 시체에 **섹슈얼**(sexual 성적)적 흥분을 느끼며 살해 후 강간하는 시간증(屍姦症)을 necrophilia(네크러필러)라 한다. 실제 서양에서는 이런 necrophilia에 따른 범죄가 종종 발생하고 있다. 시체 보는 것을 지나치게 두려워하는 '시체 공포증, 사망 공포증'은 necrophobia(네크러포우비어)라 한다.

영국 여왕 엘리자베스 2세가 2016
년 4월 21일로 90세 생일을 맞았
다. 1,200년이 훌쩍 넘는 영국 왕
실에 처음으로 **나너저네어리언**
(nonagenarian 90대)인 국왕이 나온 것
이다. 40~50년 전만 해도 60세까지 사는 사람을 보기 어려
웠지만 **애버리지 라이프 스팬**(average life span 평균 수명)이 비약
적으로 늘면서 지금은 **셉추어저네어리언**(septuagenarian 70대),
악터지네어리언(octogenarian 80대)인 노인들을 보는 것이 어렵
지 않게 되었다. 또 요즘에는 100세가 넘는 사람들도 드물
지 않은데 이런 사람들을 100을 나타내는 cent-(센트-)를 붙
여 centenarian(센터네어리언)이라고 한다. septi-(셉티-)가 단
어 머리에 붙으면 7을 나타내어, septuplet(셉터플럿)은 일곱
쌍둥이를 뜻한다. octo-(악토우-)는 8을 나타내는 접두사로,
발이 여덟 개인 문어를 octopus(악터푸스)라 한다.

oligarchy
과두 정치

알러가아키(oligarchy 과두 정치)는 한 나라의 **파워**(power 권력)를 소수의 힘 있는 몇 사람이 장악해 자신들의 이익에 맞게 나라를 운영하는 **딕터토어리얼**(dictatorial 독재) 체제를 가리키는 말로, 특히 1991년 소련의 해체 후에 국가의 모든 공기업이 몇몇 부자에게 넘어가고, 이렇게 큰 부를 쌓은 소수의 사람이 권력을 독점한 러시아의 정치를 가리키게 되었다.

이렇듯 국가의 **프라퍼티**(property 재산)를 도둑질해 권력을 쥔 소수의 권력자를 가리키는 oligarch(오울리가아크)라는 표현이 뉴스에 자주 등장하는데 oligo(알리고우)는 '얼마 안 되는, 소수의'라는 뜻을 나타낸다. oligarch들이 도둑질한 돈으로 나라를 다스리는 정치를 '도둑'을 뜻한 klepto(클렙토우)를 써서 **클렙타크러시**(kleptocracy 도둑 정치)라 하고, 가난한 것도 아닌데 남의 물건을 훔치는 데 짜릿함을 느끼는 병적인 '절도광'은 kleptomaniac(클렙터메이니액)이라고 한다. 또한 돈으로 권력을 사는 '금권 정치'는 plutocracy(플루타크러시)라고 표현한다.

omerta
침묵의 약속

범죄 **그룹**(group 집단)인 마피아(mafia)에는 특별한 **디서플런**(discipline 규율)이 존재한다. 이것을 **오우메어터**(omerta 침묵의 약속)라고 하는데, 어떤 경우에도 동료를 밀고해서는 안 되고 비록 피를 흘리며 싸우는 반대편 갱일지라도 경찰에 체포되도록 **코우아퍼레이션**(cooperation 협조)해서는 안 된다. 이것을 '침묵에 관한 규약(code of silence)'이라고도 하며, 이를 어기면 자신과 가족의 죽음을 각오해야 한다.

omerta는 이탈리아어로 '남자다움, 상남자'라는 의미다. mafia(마피어)의 단원을 mafioso(마피오우소우)라고 하고, 그들끼리는 mafia를 cosa nostra(코우사 노스트러)라 하는데 '우리들만의 세계'라는 뜻이다. code(코우드)는 '암호'라는 뜻이 있어 decode(디코우드)는 '암호를 풀다'라는 의미고, 또 code에는 '법'이라는 의미도 있어 tax code(택스 코우드)는 '세법'을 말한다. **어피셜**(official 공무원)이나 대기업에서는 직원들의 복장이나 머리 모양에 대해 규제를 하는 '복장 규정'을 dress code(드레스 코우드)라고 한다.

on a wild goose chase
헛수고, 헛된 노력을 하다

wild goose(와일드 구스)는 철마다 새로운 **네스트**(nest 보금자리)로 찾아 날아가는 '야생 거위'를 뜻하는데 이를 쫓아가는 것은 **퓨틸**(futile 헛된) 수고나 **어너테이너벌**(unattainable 얻을 수 없는)한 것에 기울이는 **에퍼트**(effort 노력) 즉, **웨이스트 어브 타임**(waste of time 시간 낭비)이라는 의미다. 이 표현은 1592년에 공연된 셰익스피어의 「로미오와 줄리엣(Romeo and Juliet)」의 대사에 처음 등장했다. 16세기 **호어스래싱**(horseracing 경마)에서 선두로 달리는 말과 일정한 거리를 두고 무리 지어 그 뒤를 쫓아 '들판을 가로지르는(cross-country)' **레이스호어스**(racehorse 경주마)가, '대열을 맞추어 날아가는(fly in a formation)' wild goose를 닮았다 하여 유래한 표현이다. 참고로 알파벳 o가 oo 형태로 들어간 명사가 **싱결러**(singular 단수형)에서 **플루럴**(plural 복수형)로 바뀌면 ee가 된다. goose(구스)는 geese(기스)로, tooth(투쓰)는 teeth(티쓰), foot(풋)은 feet(핏)이 된다. 옛 영어에서 book(북)의 plural은 books(북스)가 아니라 beek(빅)이었다.

once in a blue moon
가뭄에 콩 나듯, 아주 가끔

문(moon 달)이 차고 이지러지는 **사이클**(cycle 주기)이 보통 한 달이므로 **풀 문**(full moon 보름달)은 한 달에 한 번 뜨는 것이 정상이지만 3년에 한 번꼴로 full moon이 한 달에 두 번 나타나는 경우가 있어 그 두 번째 달을 blue moon이라고 했다. 그런데 왜 하필 '**블루 문**(blue moon 푸른 달)'일까? 달은 노란 황금색이 일반적이지만 대규모 화산 분출(volcanic eruption)이나 산불(wild fire)로 인해 **앳머스피어**(atmosphere 대기)가 건조해지고, **파아터컬**(particle 미세먼지)이 대량으로 발생하게 되면 빛의 간섭에 의해 달이 푸르게 보이는 현상이 드물게 나타난다. 따라서 blue moon이 '드문 것'을 나타내게 되었다고 한다.

My sister lives in Alaska, so I only see her once in a blue moon.
내 여동생은 알래스카에 살아. 그래서 난 그 애를 아주 가끔 볼 뿐이야.

133 ● ordeal
시련, 고난

중세 시대의 영주나 귀족들은 사회 **오어더**(order 질서)를 유지하기 위해서는 '가혹한 형벌(harsh punishment)'이 필수적이라고 생각했다. 당시에는 CSI 같은 **사이언스**(science 과학) 수사는 꿈도 꾸지 못했기 때문에 일단 범인으로 지목된 가난한 사람들은 거의 대부분 인생을 망치게 되는 경우가 많았다. 가벼운 범죄는 **파인**(fine 벌금)에 그치기도 했지만 그런 경우는 극히 드물었고 목에 **필러리**(pillory 칼)를 채워 마을을 한 바퀴 돌게 하거나 손이나 혀, 코 등을 자르는 신체 절단이 주된 형벌 방식이었다.

당시에는 경찰이나 재판관, 변호사, **프라시큐터**(prosecutor 검사)는 없었고, 재판은 영주가 지목한 신하나 마을 사람들이 담당했다. 죄상을 밝히기 위해 **어큐즈드**(accused 피의자)를 심문할 때 가장 즐겨 사용한 수단은 **토어처**(torture 고문)이었다. 재판에서 사용하는 torture를 특히 ordeal(오어딜)이라 불렀다. 그런데 이 ordeal의 방법들 중에는 오늘날의 **퍼스펙티브**(perspective 관점)에서 터무니없는 것들이 많았다.

예를 들어, 피의자의 손에 벌겋게 달군 쇠붙이를 쥐어 주고 서너 발짝을 걷게 한 후 손에 **밴디지**(bandage 붕대)를 감아

가둔다. 그리고 사나흘 후에 bandage를 풀어 **와운드**(wound 상처)가 아무는 조짐이 있으면 무죄, 계속 곪아 있으면 유죄로 판결했다. 이런 방식을 ordeal by fire(오어딜 바이 파여) 즉, '불에 의한 시련'이라 했다. 피의자가 결백하다면 하나님이 wound를 낫게 해 주실 것이라는 논리였다.

또 피의자의 팔다리를 묶어 **판드**(pond 연못)에 던져 물에 떠오르면 **길티**(guilty 유죄), 가라앉아 익사하면 무죄로 판단하였는데 어차피 죽는 것은 마찬가지였다. 이것을 'ordeal by water(오어딜 바이 워터), '물에 의한 시련'이라 하고, 이런 방식들의 재판을 trial by ordeal(트라열 바이 오어딜), '시련에 의한 재판'이라 불렀다.

ostracize
사회적으로 배척하거나 매장하다

고대 그리스에서는 주기적으로 **보우팅**(voting 투표)을 통해 도저히 함께 살 수 없는 골칫덩이(train wreck)나 **커뮤너티**(community 공동체)에 위험이 되는 인물을 뽑아 사회에서 **배니쉬**(banish 추방)하는 **커스텀**(custom 관습)이 있었다. 투표는 **파터리**(pottery 도자기)의 부서진 조각에 당사자의 이름을 적는 **시스템**(system 방식)으로 행해졌다. 이렇게 뽑힌 사람은 '귀양에 보내지는데(be banished)' 이를 **오스트러사이즈**(ostracize 배척하다)라 하였다.

그리스에서는 어떤 일을 **디시전**(decision 결정)할 때 사람들이 두 개의 pottery 안에 각기 찬성, 반대를 나타내는 다른 색깔의 **빈**(bean 콩)을 넣는 형식으로 투표를 했다. 그러나 어디에나 꼭 칠칠맞지 못한 사람이 있기 마련으로 bean을 넣다가 pottery를 **스필**(spill 쏟아)하여, 비밀로 해야 할 결과가 밝혀지는 경우가 종종 있었는데 여기에서 '비밀을 누설

하다'는 의미의 spill the beans(스필 더 빈즈)라는 표현이 생겨났다.

There is a surprise party for Heidi on Wednesday, please don't spill the beans.

수요일에 하이디를 위한 깜짝 파티가 있을 예정이야. 제발 비밀을 누설하지 말아 줘.

out of wedlock
혼외의, 서출의

wedlock(웨들락)은 '결혼 생활'이라는 옛 투의 낱말로 **나우**(now 현재)는 거의 들을 수 없는 낱말이지만 born out of wedlock(본 아웃 어브 웨들락), '사생아로 태어난'이란 뜻의 **이디엄**(idiom 숙어)으로만 사용된다. 이렇게 태어난 아기를 '**일리지터밋 차일드**(illegitimate child 사생아)'라 하는데, 홍길동처럼 **칸켜바인**(concubine 첩)에서 난 자식을 말한다. legitimate(러지터밋)은 '합법적인, 적법한'이라는 뜻이고, illegitimate는 '불법적인, 서출의'라는 뜻의 형용사이지만 명사로 '서자'를 나타내기도 한다. illegitimate child를 한 단어로 bastard(배스터드)라 한다. bastard에는 또 남자를 욕설이나 혹은 친근하게 부르는 '놈'이라는 의미도 있다.

Over the centuries, many royal children was born out of wedlock.
수백 년 동안 많은 영국 왕실의 어린이들은 혼외의 사생아로 태어났다.

paparazzi
파파라치

파파라치(paparazzi)는 연예인, 운동선수나 정치인 등 유명 인사들을 **도거들리**(doggedly 집요)하게 쫓아다니며 돈이 될 만한 사진을 찍어 잡지사나 방송국에 파는 독립 사진사 (independent photographer)를 가리키는 말이다. dog(도그)는 동사로 쓰면 '끈질기게 쫓아다니다'라는 뜻이 되고, 형용사 형은 dogged(도그드)이다.

paparazzi의 단수형으로 paparazzo(파파아로조우)라는 표현이 있는데 이탈리아의 영화감독인 페데리코 펠리니 (Federico Fellini)의 1960년 영화 「달콤한 인생(La Dolce Vita)」에 나오는 **픽셔널**(fictional 가공)의 등장인물인 거리의 사진사 파파라초(Signor Paparazzo)에서 나왔다.

Signor(씨뇨르)는 영어의 Mr.와 같은 의미의 존칭이다. paparazzo의 원뜻은 이탈리아 방언으로 '윙윙거리는 벌레 (buzzing insect)'라는 뜻이다. 대개 단수형인 paparazzo가 아닌 복수형 paparazzi를 쓰는 이유는 paparazzo들이 흔히 **허드**(herd 무리)를 지어 다니기 때문이다.

Princess Diana was killed in an auto accident while being chased by paparazzi.

다이애나 왕세자비는 파파라치에 의해 쫓기던 중 자동차 사고로 사망했다.

pay one's dues
노력해서 쟁취하다

우리말에 "젊어서 고생은 사서라도 한다"는 말이 있는데 같은 맥락의 표현이 'pay one's dues(페이 원즈 두즈)'라 할 수 있다. due(듀)는 클럽이나 모임에 든 사람이 매달 내는 '회비'를 말한다. UN의 회원국들이 국력에 따라 내는 '분담금'도 due라고 할 수 있다.

피자 **샵**(shop 가게)에서 열심히 배달 일을 해 마침내 정규 **스태프**(staff 직원)로 승진한 후 매니저의 자리에까지 오른 인물에게 아르바이트 직원이 성공의 비결을 묻는다. 이때 그 매니저가 "I paid my dues!(아이 페이드 마이 두즈)"라고 **앤서**(answer 대답)한다면 '나는 회비를 **페이먼트**(payment 납부)했다'라는 뜻이 아니라 '저절로 된 것이 아니라 **하아드쉽**(hardship 고생)해서 이루었다'라는 의미가 된다.

due(듀)에는 '~할 예정인'이라는 의미도 있어 due date(듀 데이트)는 '마감일'이라는 뜻과 함께 '출산 예정일'이라는 뜻도 있다. 자신보다 연배가 있는 사람에게 그와는 다른 **어피년**(opinion 의견)을 말할 때 '외람되지만'이라는 뜻으로 with all due respect(윋 올 듀 리스펙트)라는 표현을 쓰는데 통째로 외워야 할 중요한 구절이다.

pay through the nose
엄청나게 비싼 돈을 지불하다

9세기경에 아일랜드(Ireland)는 덴마크(Denmark)의 지배를 받았다. 덴마크인(Dane/Danish)들은 아일랜드인(Irish)들에게 **이그조어비턴트**(exorbitant 터무니없는)한 금액을 세금으로 부과하고, 세금을 내지 못하거나 **리벨련**(rebellion 반항)하는 Irish들을 잡아가서 콧속에 날카로운 **나이프**(knife 칼) 끝을 집어넣고 눈가까지 찢어버리는 가혹한 형벌을 내렸다. '엄청나게 비싼 돈을 지불하다'라는 뜻의 pay through the nose(페이 쓰루 더 노우즈)는 여기서 유래한 무서운 표현이다.

If you want a decent wine in a restaurant, you have to pay through the nose for it.
네가 레스토랑에서 괜찮은 와인을 마시기 원한다면 엄청난 비용을 치러야 할 거야.

pedestrian
보행자

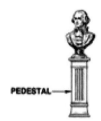

PEDESTAL

그리스어와 라틴어에서 온 연결형인 ped나 pod는 '발'을 의미한다. pedicure(페디큐어)는 '발 관리, **토우네일**(toenail 발톱) 화장'을 의미하고 pedal(페달)은 발로 밟는 **바이시컬**(bicycle 자전거)의 '페달'을 가리킨다. peddler(페들러)는 걸어 다니면서 물건을 파는 '행상'을 의미한다. 100을 나타내는 centi에 ped(피이디)가 붙은 centipede(센티피드)는 '지네'라는 의미이고, 1,000을 나타내는 milli에 ped가 붙은 millipede(밀리피드)는 '노래기'를 의미한다. 4를 의미하는 quadru(콰드루)에 ped가 붙은 quadruped(콰드룹트)는 '네발짐승'이라는 의미가 된다.

'방해'라는 의미의 impediment(임페더먼트)는 '발 앞에 놓인 것', 즉 '걸리적거리는 것'을 나타내는 단어다. 소총을 받치는 다리가 두 개인 양각대는 bipod(바이포드)라 하고, **캐머러**(camera 사진기)를 받치는 삼각대는 tripod(트라이파드)라 한다. 조각상이나 도자기를 올려놓는 받침대를 '받치는 발'이라는 의미로 pedestal(페더스틸)이라 한다.

140 ⊶ philanderer
바람둥이

러브(love 사랑) 없이 그 저 **조욱**(joke 장난)삼아 여자에게 **플러트**(flirt 추 파를 던지며)하며 연애하 는 남자를 영어에서는 ladies' man(레이디즈 맨) 혹은 womanizer(워머나이저)라 하고 어려운 말로 **필랜더러**(philanderer 바람둥이)라 하기도 한다. 라 틴어로 '사랑'을 나타내는 philo와 '남자'를 뜻하는 ander가 조합해 만들어진 단어다.

또한 '지혜'를 나타내는 sophia가 붙어 '지혜에 대한 사랑' 을 나타내는 philosophy(필라서피)는 '철학'을 뜻하며 '인류' 라는 의미의 라틴어 Anthropos가 붙은 philanthropist(필랜 쓰러퍼스트)는 '인류애가 강한 사람', 즉 '자선 사업가'를 가리 킨다.

여자를 존중하며 사랑하는 '여성 숭배자'는 philogyny(필 러지니)라 하는데 이 단어는 philo에 여자를 나타내는 gyne가 붙은 경우다.

Philadelphia(필러델피어)는 philo에 **'브러더**(brother 형제)'라

는 뜻의 adelphia가 붙어 '형제애의 **시티**(city 도시)'라는 의미로 생긴 도시 이름이며, 런던 필하모닉 오케스트라(London Philharmonic Orchestra) 등 세계 곳곳에 **에그지스턴스**(existence 존재)하는 교향악단을 가리키는 philharmonic(필하아마닉)이라는 단어는 philo에 harmonic이 붙어 '음악을 사랑하는'이라는 뜻을 나타낸다.

He can't seem to stop philandering, even now that he's on his fifth marriage.
그는 지금 다섯 번째 결혼 중임에도, 바람피우는 버릇을 버리지 못한 것 같아.

pork barrel politics(포어크 배 럴 팔러틱스)는 **러프리저레이터**(refrigerator 냉장고)가 없었던 1800 년도 중반의 미국에서 노예 **플랜 테이션**(plantation 농장)의 주인이었

던 백인들이 돼지고기를 **브라인**(brine 소금물)이 든 나무 **배럴**(barrel 통)에 가득 담아 **프라덕트**(product 상품)로 내걸어 놓고, 흑인 노예들끼리 서로 고기를 더 가지려 피 터지게 싸우는 것을 보고 즐거워한 데서 나온 말이다.

그 뒤 정치 용어로 정부의 **버짓**(budget 예산)을 '자기 선거구(home district)'에 많이 가지고 와 각종 **컨스트럭션**(construction 공사)을 벌이거나 시설을 지어 유권자의 환심을 사, 다음 선 거에서도 계속 당선될 수 있도록 국가 돈으로 선심을 쓰는 무책임한 정치 행위를 가리키는 용어가 되었다. 같은 뜻을 가진 표현으로 pork barrel spending(포어크 배럴 스펜딩)이 라고도 한다.

presidential transition team
대통령직 인수위원회

대통령 선거(presidential election)에 의해 **러짐**(regime 정권)이 바뀌게 되면 새 대통령의 **이노겨레이션**(inauguration 취임) 시까지 **인컴번트**(incumbent 현직) 대통령의 **어쏘러티**(authority 권한)는 급격히 약해지고, 모든 관심이 새 대통령에게 집중되면서 '지도력 공백(leadership vacuum)' 사태가 발생해 비상시 국가의 존망이 위태로워질 수도 있다. 이러한 위험을 최소화하고 권력 이동을 원활하게 하는 인수위원회를 transition team(트랜지션 팀)이라 한다.

transition은 시간이나 상황의 천천히 이루어지는 '변화, 이동'을 뜻한다. presidential transition(프레지덴셜 트랜지션)을 다른 말로, '왕국'이라는 의미의 regnum(레그넘)에 '~ 사이의, ~ 간의'라는 의미를 가진 접두사 inter-를 붙인 interregnum(인터레그넘)을 사용해 presidential interregnum(프레지덴셜 인터레그넘)이라고도 한다.

pull one's leg
속이다, 놀리다

옛날 영국 시장에서는 **씨프**(thief 도둑) 두세 명이 조를 지어 다니며, 돈이 있음직한 행인이 **앨리**(alley 골목) 길에 들어서면 '다리를 당기는(pull the leg)' 역할을 맡은 도둑이 행인의 '발을 걸어' 넘어뜨리면 나머지 일당이 행인의 전대를 털어가는 강도 수법이 유행했는데 '속이다, 놀리다'라는 뜻의 pull one's leg(풀 원즈 레그)라는 표현은 여기에서 나왔다.

You're pulling my leg.
저를 지금 놀리시는 거지요?

에어포어트(airport 공항)나 **포어트**(port 항만)를 통해 **엔트런스**(entrance 입국)하는 외국의 항공기나 선박, 사람은 혹시나 모를 전염병을 옮기지 않도록 **쿼런틴**(quarantine 검역)을 받아야 하는데, 옛날 프랑스에서는 외국의 선박을 바다에 띄워 놓고 40일 동안 입국을 금지시켰다고 한다. 40일이 지나도 아무 이상이 없어야 비로소 입국을 허용한 것이다. quarantine은 프랑스어로 '40일'을 뜻하는데 이 표현이 '검역'이라는 뜻이 된 것은 여기에서 유래했다.

quintessential
본질적인, 전형적인

'사물의 핵심'이라는 뜻의 quintessence(퀸테선스)는 중세의 라틴어로 Quinta Essentia(the Fifth essence)에서 왔다. quintus는 라틴어로 5를 나타내며 다섯 쌍둥이를 quintuplet(퀸터플럿)이라고 한다. essence(에선스)는 정수 (精髓), 본질이라는 뜻으로 element(엘러먼트)라고도 한다. **에인션트**(ancient 고대)로부터 중세까지 세상의 모든 생명체나 **매터**(matter 물질)는 네 가지 기본 핵심 물질(four classical elements) 즉 '물, 흙, 불, 공기(water, earth, fire, air)'로 이루어져

있다고 믿었다.

이 네 가지 물질이 가장 이상적으로 **캄버네이션**(combination 조합)되어 이루어진 완벽한 물체를 '제5원소(The Fifth Element)'라 하고 '철학자의 돌(Philosopher's Stone)'이라고도 불렀다.

Philosopher's Stone(펄라서퍼즈 스토운)은 모든 병을 치료하고, 영원한 삶(eternal life)을 보장하며, 보통의 **메털**(metal 금속)을 **고울드**(gold 금)나 **실버**(silver 은)로 바꾸는 신비한 힘이 있다

고 믿어졌다.

이 네 개의 원소를 잘 배합하여 The Fifth Element(더 피프쓰 엘러먼트)를 만드는 것이 당시의 **앨케미스트**(alchemist 연금술사)들의 꿈이었다. 연금술은 결국 불가능한 것으로 밝혀졌지만 화학과 과학의 발전에 밑거름이 되었다.

He is the quintessential tough guy, strong, silent, and self-contained.

그는 터프가이의 본보기다. 강하고, 과묵하며, 자제심이 있어.

rabbit's foot
토끼 발

고대 세계 곳곳에서, 특히 켈트(Celt)족들 사이에서는 토끼 발이 **럭**(luck 행운)을 가져온다는 속설이 있어 이들은 사냥한 토끼의 발을 잘라 **애멀럿**(amulet 부적)으로 몸에 지니고 다녔다.

고대의 아메리카 인디언들도 자기 부족의 조상이 동물이라는 믿음을 가지고 있었는데, 이러한 민간 신앙을 totemism(토우터미점)이라 하고 숭배되는 짐승을 totem(토우텀)이라 한다. 단군 신화의 **베어**(bear 곰)와 **타이거**(tiger 호랑이)도 totem의 일종이다.

Celt는 '켈트' 또는 '셀트'라 발음하는데 오늘날 영국의 아일랜드나 스코틀랜드 **어라운드**(around 주변)에 살던 **피펄**(people 민족)을 말하며, 그들이 쓰던 언어를 Celtic(셀틱)이라고 부른다. **참**(charm 부적)과 같은 의미로 amulet이라는 표현도 쓰는데 이는 주로 조그만 **오어너먼트스**(ornaments 장신구)에 주문(呪文)을 새긴 물건을 일컫는다.

147 ● ## rags to riches
개천에서 용 나기, 자수성가

rag(래그)는 '누더기, 넝마, 걸레'를 뜻한다. '찢어지게 가난하게 살다가 크게 성공을 거두다'는 의미로 'go from rags to riches(고우 프럼 래그즈 투 리처즈)'란 말을 쓴다.

People who go from rags to riches are often afraid the good life will be snatched away suddenly by other people.
가난하게 자라 부자가 된 사람들은 그들의 안락한 생활을 갑자기 다른 사람이 낚아채 가지 않을까 두려워한다.

세계적인 **리치**(rich 갑부)인 오라클(Oracle)의 래리 엘리슨(Larry Ellison)은 어린 시절 너무 가난해 남의 집에 **어답션**(adoption 입양)을 가야 했다. 입양 가기 전 날 그때 받은 얼마간의 돈으로 가족이 오손도손 모여 앉아 처음 고기를 사먹었다고 한다. 엘리슨이 친모(biological mother)를 만난 것은 그로부터 47년 뒤였다. 그야말로 개천에서 용이 난 격이다.

red herring
훈제 청어, 주의를 딴 데로 돌리게 하는 것

'red herring(레드 헤링)'은 18세기 영국의 감옥에서 탈옥한 **퓨저티브**(fugitive 도망자)들이 **솔트**(salt 소금)에 절여 훈제한 **헤링**(herring 청어)을 지나가는 길 여러 곳에 남겨 놓아 **체이싱**(chasing 추격)하는 사냥견을 따돌렸다는 이야기에서 유래한 표현이다.

냉장고가 없던 시절에 부패를 막기 위해 소금으로 절여 연기에 말린 herring에서는 코를 찌르는 **스팅크**(stink 악취)가 났을 것이다. 살인 사건 현장의 담배꽁초에서 경찰이 지문과 DNA를 채취하려고 법석을 떨었지만 나중에 알고 보니 범인이 일부러 놓고 간 것이었다면 그 꽁초가 바로 red herring이다.

어떤 **퍼미션**(permission 허가)을 받기 위해 관공서를 찾아가면 공무원들이 온갖 법규를 들먹이며 서류를 다시 작성해 오라는 경우가 있다. 또 글자 하나, 토씨 하나에까지 꼬투리를 잡아 며칠이면 끝날

일을 수개월씩 질질 끌기도 한다. 이같이 관료적이고 **어브서더티**(absurdity 불합리)한 **프랙티스**(practice 관행)를 'red tape(레드 테입)'이라 한다.

16세기 스페인의 왕이자 신성 로마 제국(Holy Roman Empire)의 **엠퍼러**(emperor 황제)였던 카를 5세(Karl V)가 광대한 제국을 운영하는 행정 절차를 **마더너제이션**(modernization 근대화)하려고 빨간 테이프(red tape)를 사용하기 시작했다. 그는 국무 회의에서 즉시 **디스커션**(discussion 논의)해야 할 가장 중요한 **다켜멘트**(document 서류)들을 red tape으로 묶어 분류하고, 일반 행정 관련 document는 보통 끈으로 묶어 놓았다. 그 뒤로 영토가 넓지 않은 다른 유럽 왕국들에서도 이러한 practice를 **에멀레이션**(emulation 모방)하게 되었는데 이

로 인해 오히려 행정 절차가 더 복잡해지게 되었다. 그래서 'red tape'이라는 표현은 관청의 비능률적이고 번거로운 **레귤레이션**(regulation 규제)을 가리키는 부정적인 의미로 사용되게 되었다.

My passport application has been held up by red tape.
나의 비자 신청서는 관청의 불필요한 규제에 의해 지체되었다.

1880년 파리의 센 강(River Seine)에서 한 젊은 여성의 시체가 떠올랐다. 그녀의 몸에는 어떤 범죄(foul play)의 흔적도 없었고, 입가에는 엷은 **스마일**(smile 미소)까지 띠고 있었다. 시체를 조사하던 **코러너**(coroner 검시관)는 너무나도 **뷰터펄**(beautiful 아름다운)한 그녀의 모습에 반해 사랑에 빠졌고, **집섬**(gypsum 석고)으로 그녀의 얼굴을 만들어 자신의 **룸**(room 방)에 **킵**(keep 보관)했다고 한다.

파리의 화가나 조각가들 사이에서 그녀의 **미스티어리어스**(mysterious 신비로운)한 미소에 대한 소문이 돌기 시작했고, 1950년 들어 인공호흡 CPR에 대한 관심이 높아져 실물 크기의 실습용 마네킹(mannequin)이 필요하게 되자 노르웨이의 **달**(doll 인형) 회사가 이때 모델로 사용한 인물이 River Seine(리버 세인)의 여인이었다.

CPR을 익히던 **스투던트**(student 학생)들이 실습 중 인형의 **쇼울더**(shoulder 어깨)를 흔들며 "Annie, Annie! Are you OK?(애

니 애니 아아 유 오우케이)"라고 말하며 **칸셔스너스**(consciousness 의식)를 확인하면서 이 마네킹에는 Annie라는 이름이 붙게 되었다. 그래서 **레스큐 애니**(rescue Annie 인공호흡 실습용 인형)라 는 용어가 나왔다.

Annie는 우리나라의 '영희'처럼 **카먼**(common 흔한)한 이름 이다. CPR은 Cardio Pulmonary Resuscitation(카아디오우 풀머네어리 리서시테이션)이라는 말의 축약형으로 '심폐소생 술'을 의미하는 의학 용어다. cardio(카아디오우)는 '심장'을, pulmonary(풀머네어리)는 '폐'를 나타낸다. resuscitate(리서 시테이트)는 '의식이 없거나 죽어 가는 사람을 되살리다', 즉 '소생시키다'라는 뜻이다. 변사 사건에서 신원 미상의 남자 시체는 John Doe(잔 도우)라 하고, 여자 시신은 Jane Doe(제인 도우), 아기의 시신은 baby Doe(베이비 도우)라고 한다.

restraint order
접근 금지 명령

restrain(리스트레인)이라는 단어는 '다시'의 re-와 '잡아당기다'는 의미의 strain이 합쳐져 '제한하다, 금지하다'는 뜻을 나타낸다.

이혼 소송 중이거나 스토킹을 당할 때 **바이얼런스**(violence 폭력적)한 배우자나 상대로부터 가정 폭력(domestic violence), **허래스먼트**(harassment 괴롭힘), 성폭력(sexual assault) 같은 신체적인 위해(危害)를 당할 위험이 있는 경우 법원의 명령에 의해 일정 거리 내에 가해자가 **액세스**(access 접근)하지 못하게 막는 제도를 의미한다.

이런 명령은 **이터널리**(eternally 영구히)하게 **엔포어스**(enforce 집행)되는 것이 아니라 사건이 이루어지는 기간에 한해 일시적, 한시적으로 강제되기에 TRO(Temporary Restraint Order, 템퍼레리 리스트레인트 오어더)라고도 한다. restraint order는 protective order(프러텍티브 오어더)라고도 한다.

ride shotgun
조수석에 타다

미국 서부 개척 시대에 마차를 몰던 사람 옆에는 **라버**(robber 강도)가 출몰할 때를 대비해 **샷건**(shotgun 산탄총)을 든 총잡이가 타고 있었다. 이 때문에 ride shotgun(라이드 샷건)은 '조수석에 타다'라는 의미가 되었다. 친구끼리 자동차 여행을 할 때 다른 친구에게 **드라이빙**(driving 운전)을 맡기고 자신은 편안하게 가고 싶은 얌체들이 잽싸게 조수석에 타면서 외치는 말이 'shotgun'이다.

남녀가 사귀다가 여자가 임신을 하게 되어 마지못해 하는 결혼을 'shotgun wedding(샷건 웨딩)'이라 한다. 지금으로부터 100여 년 전만 해도 미국인들의 정조관념은 우리나라 조선시대 사람들만큼이나 엄격했다. 여자가 예상치 못한 임신으로 어쩔 줄 몰라하며 **크라이**(cry 울다)하고 있는데 남자의 **리액션**(reaction 반응)은 시큰둥하다. 이때 여자의 아버지가 shotgun을 들고 남자의 집으로 달려가 "너, 내 딸 어떻게 할 거야?" 하며 죽일 듯이 **퍼스**(fuss 난리)를 친다. 이 때문에 shotgun wedding은 '억지로 하게 하는 결혼'을 뜻하는 말이 되었다.

rob the cradle
나이가 훨씬 어린 상대와 결혼하다[연애하다]

rob(라브)는 '훔치다, 강탈하다'라는 의미이고 cradle(크레이딜)은 '요람, 아기 바구니'를 의미하므로 글자 그대로 해석하면 '아기 바구니를 훔치다'라는 의미다. robber(라버)는 '강도'를, robbery(라버리)는 '강도질'을 의미한다.

중년 남성이 아주 어린 여성과 결혼하는 경우 주위 사람들이 농담 반 진담 반으로 '날강도 같은 놈'이라고 말하는데 'rob the cradle'은 이런 이성 **릴레이션쉽**(relationship 관계)을 가리키는 표현이다.

She's 20 years younger than you, you're robbing the cradle.
그녀는 너보다 스무 살이나 어려. 너는 순 날강도구나.

이런 연애를 하는 사람을 가리켜 cradle snatcher(크레이딜 스내처), '요람을 낚아채는 자'라고 표현하는데 동사 snatch(스내치)는 '낚아채다'라는 의미다. relationship은 '관계, 관련, 친척 관계' 등의 의미도 있지만 '남녀의 교제'를 의미하기도 한다. '만남과 **파아팅**(parting 헤어짐)'을 반복하는 연애'를 on and off relationship(안 언드 오프 릴레이션쉽)이라 한다.

rule of thumb
경험 법칙, 대충의 방법

꼭 과학적이지는 않지만 '대충 들어맞는 방법'을 rule of thumb(룰 어브 썸)이라 하는데 왜 하필 **썸**(thumb 엄지손가락)을 쓸까?

1782년 영국의 한 판사가 가정 내에서 부부 간의 불화를 해결하고 가정을 다스리기 위해서는 아내를 때려도 좋다는 판결을 내리면서 몽둥이의 굵기는 엄지손가락 두께 이상이 되어선 안 된다고 말한 데서 유래했다.

그리고 당시의 **테일러**(tailor 재단사)들은 thumb의 **서컴프런스**(circumference 둘레)의 두 배가 **리스트**(wrist 손목)의 circumference이고, 손목 둘레의 두 배가 목의 circumfer ence, 목의 둘레의 두 배가 **웨이스트**(waist 허리)의 circumference라고 어림잡아 **클로운즈**(clothes 옷)를 만들었고, 이런 방식이 의외로 잘 맞아 rule of thumb이라는 표현이 나왔다는 두 가지 설이 존재한다.

run amuck
미쳐 날뛰다, 모두 죽일 듯이 행패를 부리다

amuck(어먹) 또는 amock(애먹)은 말레이어에서 온 단어다. 말레이시아에서 멀쩡한 사람이 갑자기 미쳐 흉기를 들고 날뛰면서 앞에 마주친 아무에게나 **와운드**(wound 상해)를 가하는 일이 일어났다. 이것은 그 사람의 몸에 **이벌 스피릿**(evil spirit 악령)이 들어가 시킨 것으로 믿었고 이렇게 evil spirit에 사로잡힌 사람을 amuco(어뮤코우)라고 부른 데서 '미쳐 날뛰다'란 뜻의 run amuck(런 어먹)이 나왔다.

어린아이들이 식당 같은 데서 **터모일**(turmoil 소란)을 피워 난장판을 만들 때나, 일이나 **플랜**(plan 계획)을 엉망진창으로 만들 때에 주로 사용한다.

There were 50 little kids running amuck at the snack bar.
어린아이들이 식당에서 온갖 소란을 일으키고 있다.

run the gauntlet
공개적으로 비난을 받다, 공개적으로 처벌을 받다

gauntlet(곤틀럿)에는 '전투용 **글러브즈**(glove 장갑)'라는 뜻 외에 '두 줄로 늘어선 사람'이라는 의미도 있다. 특히 군대에서 규율을 어긴 사병이 벌로서 두 줄로 늘어선 사람 사이로 지나가면, 늘어선 군인들이 채찍이나 몽둥이로 사병을 때린다. 이때 벌을 받는 사병은 조금이라도 덜 맞기 위해 **데스프릿**(desperate 필사적)하게 달려야 했다. 이런 상황을 가리켜 'run the gauntlet(런 더 곤틀럿)'이라 한다. 17세기 영국 해군에서 흔히 있는 일이었다.

Every day I had to run the gauntlet of critics!
나는 매일 비평가들의 비난에 시달려야 했다.

saber rattling
무력시위, 은근한 위협

saber(세이버)는 프랑스어로 sabre라는 '**캐벌리**(cavalry 기병)가 사용하는 검'을 가리키며, rattle(래틀)은 '철컥철컥 소리를 내다'라는 의미의 동사다.

saber rattling(세이버 래틀링)은 군인이 칼을 뽑을 듯이 철컥철컥 소리를 내며 겁을 주는 모습을 나타낸다. rattle one's saber(래틀 윈즈 세이버)는 '위협적인 언행을 하다, 무력시위하다'라는 의미다.

After months of saber rattling, both sides agreed to a peaceful resolution of their differences.
수개월 동안 무력시위를 한 후에 양측은 의견 차이를 평화적으로 해결하기로 합의했다.

saved by the bell
아슬아슬하게 도움을 받다

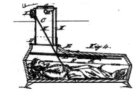

KO당할 위기에 처한 복싱 선수가 벨이 울려 위기를 모면하는 장면을 떠올리면 이해가 쉬울 것이다. '아슬아슬하게 도움을 받다'의 saved by the bell(세이브드 바이 더 벨)의 유래는 알고 보면 좀 무시무시하다.

옛날에는 **코우머**(coma 혼수상태)에 빠진 사람은 죽은 것으로 판단해 산 채로 매장하는 경우가 많았다. 한때 영국에서 역병이 돌아 많은 사람들이 한꺼번에 사망하는 일이 있었다. **코핀**(coffin 관)이 부족해 기존의 coffin을 재활용하려고 **그레이발드**(graveyard 묘지)를 팔 정도였다. 그런데 그 coffin 속에서 **핑거네일**(fingernail 손톱)로 긁힌 **스크래치**(scratch 자국)가 스물다섯 개당 한 개의 **레이쉬오우**(ratio 비율)로 발견되었다고 한다. '산 채로 묻힌(being buried alive)' 사람이 그만큼 많았다는 얘기다. 그래서 coffin 내부에 **스트링**(string 끈)을 달아 시체의 손목에 매어 놓고 그 줄을 땅 위에 있는 종에 연결시켰다. 이런 이유로 'saved by the bell'은 아주 다급한 상황에서 때맞춰 도움을 받는 것을 의미하게 되었다.

214

보통 get off scot-free(겟 오프 스캇 프리)나 off scot-free의 형태로 쓰인다.

scot(스캇)은 중세기 영국의 한 **빌러지**(village 마을)에서 **멤버**(member 구성원)들에게 각자 가진 농토와 재산에 매기던 세금을 가리키던 단어다. 그러나 **플러드**(flood 홍수) 때 자주 피해를 입는 언덕에 사는 **인해비턴트**(inhabitant 주민)들에게는 이 scot이 면제된 데서 scot-free라는 표현이 생겨났다. **터데이**(today 오늘날)에는 죄를 저지르고도 처벌을 받지 않고 **로우치**(loach 미꾸라지)처럼 **빠져나가는** 것을 의미한다. 중요한 숙어로 get away with(겟 어웨이 윗가)도 같은 표현이다.

The driver of the car escaped from the accident scot free.
차의 운전자는 그 사고에서 책임을 지지 않고 빠져나갔다.

1863년 에이브러햄 링컨에 의해 '노예 해방 선언 (Emancipa tion Proclamation)' 이 공식화되지만 그 후 100년이 지나도록 흑인들은 '2류 시민(second-class citizen)'으로 차별을 받았다. **슬레이브**(slave 노예) 해방 선언의 기본 **멘탤러티**(mentality 정신)는 '모든 인간은 평등하게 창조되었다(All men are created equal)'였지만 완전한 평등은 **릴러제이션**(realization 실현)되지 못했다.

'짐 크로우 법(Jim Crow Laws)'에 의해 흑인들은 해변에서, 바에서, 식당에서, **스쿨**(school 학교)에서, **트레인**(train 열차)을 이용할 때도 백인들과 다른 칸을 사용해야 했다. **더티**(dirty 더러운)한 인종과 같이 자리할 수 없다는 **레이셜 세그러게이션**(racial segregation 인종 차별)에 따른 것이었다.

목화밭이나 대규모 농장이 많았던 미 남부 지방에 90퍼센트에 가까운 흑인들이 살았기에 이 지역에서 racial segregation(레이셜 세그러게이션)은 더욱 활개를 쳤다. 백인이 흑인 여성을 강간하면 **모우스트**(most 대부분) 그냥 넘어가지만 그 반대의 경우 혹인 가해자는 사형을 면하기 어려웠고, 설사 무죄로 밝혀져도 대중들에게 '뭇매를 맞아(lynch)' 생명을 부지하기 어려웠다.

racial segregation은 1955년 대법원(supreme court)의 판결에 따라 '불법으로' 결론이 나지만 1960년대 후반에 들어서도 **컴플리틀리**(completely 완전히)하게 사라지지 않았다.

senator
상원 의원

미국 국회의 '**세너터**(senator 상원 의원)'는 원래 로마의 '원로회의 의원'을 가리키는 말로 '노인'을 뜻하는 단어다. 노인을 senior citizen(시느여 시터전)이라 하고, 대학에서 senior는 4학년을 가리킨다. senile(시이나일)은 '노쇠한, 노인성의, 노망 든'이라는 뜻을 나타낸다.

인간에게는 기본적인 오
감(five senses) 외에 흔히
육감(sixth sense)이 있다고
한다.

군대에서 **센트리**(sentry 보초)를 그냥 서는 것 같지만 **히링**
(hearing 청각), **오울팩터리**(olfactory 후각), **택틸**(tactile 촉각)을 곤두
세워 철저히 이상을 **퍼시브**(perceive 감지)하고, **와치**(watch 경계)
하는 데 만전을 기한다.

sense(센스)에서 **센터널**(sentinel 파수꾼), sentry라는 단어가 나
왔고, '향기'라는 의미의 scent(센트)가 나왔다. 할리우드 배우
알 파치노(Al Pacino)가 눈이 먼 퇴역 군인으로 나와 명연기를
펼친 영화 제목은 「여인의 향기(scent of a woman)」였다.

shanghai
속여서 강제로 어떤 일을 시키다

1800년대 초에는 **보이어지**(voyage 항해)에 나서는 일 자체가 살아 돌아온다는 **게런티**(guarantee 보장)가 없는 위험한 일이었기 때문에 선원을 구하기가 어려웠다. 그래서 중국의 상하이(上海) 뒷골목(back alley)에서는 밤늦게 돌아다니는 떠돌이 **보이**(boy 소년)나 취객을 상대로 **어솔트**(assault 폭행)를 하거나 마약을 먹여 '정신을 잃게' 만든 후 배로 끌고 가서 죽을 때까지 일을 시키는 일이 많았다. 이 때문에 도시 이름 Shanghai(생하이)는 '강제로 배에 태우다'라는 뜻이 되었고, 오늘날에는 '강제로 ~하게 하다'라는 의미로 쓰이게 되었다. shanghai와 비슷한 단어로는 crimp(크림프)가 있다.

I was shanghaied into buying a lemon.
나는 속아서 고물 차를 사게 되었다.

shoe is on the other foot
입장이 뒤바뀌다, 상황이 역전되다

shoe is on the other foo(슈 이즈 안 디 어더 푸)는 직역하면 '신발이 다른 발에 신겨져 있다'는 의미다. **컴퍼니**(company 회사)에서 자신이 괴롭히던 **주느여**(junior 후배)가 알고 보니 **체어먼**(chairman 회장님)의 아들이었을 경우와 같이, 상황이 180도로 **리버스**(reverse 바뀌는)된 것을 나타내는 표현이다. boot is on the other foot(붓 이즈 안 디 어더 풋)이라고도 한다.

When the policeman was arrested, he learned what it was like when the shoe is on the other foot.
그 경관이 체포되었을 때 그는 입장이 뒤바뀌면 어떤지를 알게 되었다.

shoe-in
적임자, 당선이 확실시 되는 후보

비짓 세일즈(visit sales 방문 판매)를 하는 세일즈맨이 가정집의 **도어벨**(doorbell 초인종)을 눌러 문이 열리면 일단 문틈 사이로 구두 한 짝을 집어넣은 후 집안으로 들어가기만 하면 판매 성공률이 80~90퍼센트는 된다는 의미에서 'shoe-in(슈 인)' 이라는 표현이 생겨났다.

 shoe-in은 원래 shoo-in에서 온 표현으로, 경마에서 **자키** (jockey 기수)가 경기 때 입으로 '슈-슈-(shoo shoo)' 소리를 내어 말의 **스피드**(speed 속도)를 조절 해 승부를 **머니펄레이션**(manipulation 조작)한 데서 유래했는데 영미에서 혼돈해 같이 쓰게 되었다. 선거에서 큰 표차로 이길 확실한 후보를 가리킨다.

He is a shoe-in for the job.
그는 그 일에 적임자다.

show one's true colors
본색을 드러내다

color, colour(컬러)에는 '색'이라는 의미 외에 '깃발'이라는 의미도 있다. 바다를 놓고 제해권을 다투던 대항해 시대에 해양법(maritime law)상 모든 선박은 반드시 자국의 color를 달고 다녀야 했다.

과거 전함들은 상대방을 속이기 위해 **앨라이**(ally 우방)인 척하며 가짜 깃발을 달고 접근해(sail under false colours) **엔게이지먼트**(engagement 교전)가 시작되면 '진짜 깃발(true colors)'을 올리고 공격했다. 'show one's true colors(쇼우 원즈 트루 컬러즈)'는 여기에서 나온 말로 '본색을 드러내다'라는 뜻이 되었다.

Workers felt the company revealed its true colors during the economic crisis.
사원들은 경제 위기 동안 회사가 본색을 드러내는 것을 느꼈다.

showdown
결판, 담판

포커 게임에서 **래스트**(last 마지막)에 남은 두 사람이 판돈을 차지하기 위해 남은 패를 까 보이면서 승패를 결정짓는 것을 'showdown'이라 하는데 요즘은 정치적인 용어로도 많이 쓰이게 되었다. **쇼우다운**(showdown 결판)은 일본으로 건너가 상담(相談 쇼당)으로 번역되었고, 우리가 화투칠 때 '쇼당을 친다'는 말은 여기서 나왔다.

courtroom showdown between two companies
두 회사의 법정 최종 대결

168 — silhouette
어두운 윤곽, 그림자 그림

18세기 프랑스는 영국과의 7년 전쟁에서의 패배로 국가 **파이낸스**(finance 재정)가 **뱅크럽시**(bankruptcy 파산)에 이를 정도로 **완트**(want 궁핍)했다. 이때 재무장관으로 임명된 자의 이름이 실루엣(Silhouette)이었는데 그는 긴축 재정을 펼치며, 부자들에게 세금을 매기다가 **디스미설**(dismissal 파면)되었다.

당시 유럽에서 전쟁으로 인해 **세이빙**(saving 절약)을 강조했었는데 실루엣은 **포어트럿**(portrait 초상화)도 검은 색으로만 그려도 충분하다고 주장했다고 한다. 그래서 미술에서, 밝은 바탕에 검은 윤곽만 남기는 간단한 그림을 **실러웻** (silhouette 어두운 윤곽)이라 부르게 된 배경이기도 하다.

silver bullet
쉽고 완벽한 해결책, 은색 탄환

달과 사냥의 여신, 아르테미스(Artemis)는 항상 어깨에 활통을 매고 다녔다. **애어로우헤드**(arrowhead 화살촉)는 은으로 만들어져 있었다. 금은 태양을, silver는 차가운 달을 상징하는 금속이다. 훗날 아르테미스는 로마 신화에서 다이아나(Diana)로 이름이 바뀌게 된다. 알렉산더 대왕(Alexander the Great)의 아버지인 마케도니아의 필립 2세는 silver로 만든 **스피어**(spear 창)로 무장한 부대로 전쟁에서 승리한다.

또 보름달(full moon)이 뜰 때 **컨셉션**(conception 잉태)가 되었거나 full moon 아래의 **포어러스트**(forest 숲)에서 잠을 자면 늑대로 변한다는 **레전드**(legend 전설)가 있다. 이렇게 변한 **웨어울프**(werewolf 늑대 인간)는 **트와이라이트**(twilight 해가 질) 때 늑대 가죽을 쓰고 사람을 해치며 돌아다니다가 **데이브레익**(daybreak 해가 뜰) 무렵, 가죽을 벗어 자신만이 아는 장소에 숨겨 두고 태연히 인간 생활로 돌아간다.

이 werewolf는 어떤 무기로도 죽일 수 없는데 오직 silver

bullet(실버 불렛)을 쏘아야만 **브레쓰**(breath 숨통)를 끊을 수 있었다.

옛날 유럽에서는 달이 차고 이지러지는 **체인지**(change 변화)가 사람을 **크레이지**(crazy 미치게)하게 만든다고 믿었다. 라틴어로 달을 lunar라 하는데 '미치광이'라는 뜻의 lunatic(루너틱)이라는 표현은 여기에서 온 것이다. 이렇게 해서 silver bullet은 '확실하고 **퍼픽트**(perfect 완벽)한 방책'이라는 의미로 흔히 사용되는 표현이 되었다.

2011년 미국 국방장관(Secretary of Defense)이었던 리온 패네타(Leon Panetta)는 당시 군 내부에서 벌어지던 여군에 대한 성폭력(sexual assault)에 대해 의회에서 이렇게 **테스티파이**(testify 증언) 한다.

"There is no silver bullet when it comes to this issue", Panetta told reporters on Monday
"이 문제에 관해서는 똑 부러지는 해결책이 없다"고 패네타는 기자들에게 말했다.

silver spoon
은수저, 상속받은 부

부잣집에서 태어나 고생을 모르고 자란 사람을 가리켜 우리는 '금수저를 물고 태어났다'고 하고, 영어에서는 'born with a silver spoon in one's mouth(본 윗 어 실버 스푼 인 원즈 마우쓰)'라 한다.

옛날 중세 시대에는 **베이비**(baby 아기)가 태어나 한 달이 되면 누구나 교회에서 세례를 받아야만 했다. baptism(뱁티점)을 받을 때는 남자 아기의 경우는 **가드파더**(godfather 대부)를, 여자 아기일 때는 **가드머더**(godmother 대모)를 세운다. 이런 **가드페런트**(godparent 대부모)의 역할을 하는 사람들에게 아기의 **페런트스**(parents 부모)는 은수저로 **리워어드**(reward 사례)하는 풍습이 있었는데, 대부분의 가난한 부모들은 silver spoon(실버 스푼)을 **프레퍼레이션**(preparation 준비)하지 못해 외상으로 구매했지만 부잣집 아기들은 silver spoon 을 미리 준비했다는 데서 나온 '상속받은 부', 즉 'silver spoon'이라는 표현이 나왔다.

sing like a canary
밀고하다

1900년대 초반 뉴욕에 에이브러
햄 랠리스(Abraham Reles)라는 아이
가 있었다. 에이브(Abe)라는 **닉네임**
(nickname 애칭)으로 불린 그는 어릴 때
부터 키가 작고 **빌드**(build 체격)가 왜
소하여 그것이 콤플렉스가 되었는
지 성격이 **크룰티**(cruelty 잔인)하고 **엇**

라서티(atrocity 포악)했다. 그는 성인이 되자 마피아에 들어가
살인을 전문으로 하는 청부업자(hit man)가 되었다. 사람을
사서 누군가를 살해하는 '살인 청부'는 속어로 hit(힛)이라 한
다. 마피아의 보스들은 누군가 죽여야 할 인물이 있으면 그
에게 일을 맡겼다.

1941년 살인으로 경찰에 체포된 그에게 형사들이 솔깃한
서제스천(suggestion 제안)을 한다. **코어트**(court 법정)에서 마피
아 보스를 잡아넣을 수 있는 증언을 해 주면 그를 처벌하
지 않고, 아무도 모르는 곳에서 편안히 살게 해 주겠다는
것이다. 에이브는 그 제안을 받아들인다. 그런데 뉴욕 경
찰의 삼엄한 **프러텍션**(protection 보호) 속에 호텔의 최상층에

서 **인쿼리**(inquiry 취조)를 받던 그가 어느 날 밤 호텔의 **루프탑** (rooftop 옥상)에서 떨어져 사망한다. 다음날 신문의 머리기사(head line)에는 이런 기사가 대문짝만 하게 실린다.

He sang like a canary, but couldn't fly
그는 카나리아처럼 노래했다. 그러나 날진 못했다.

그 뒤로 sing like a canary(싱 라익 어 커네어리)라 하면 '밀고하다'의 의미로 쓰이고, canary(커네어리)는 '밀고자, 끄나풀'을 가리키게 되었다.

skeleton in the closet
누구에게나 감추고 싶은 비밀, 장롱에 감춘 해골

skeleton in the closet(스켈러턴 인 더 클라짓)에서 skeleton(스켈레톤)은 과학실습실 같은 곳에서 볼 수 있는 머리부터 발 끝까지 이어진 전신 '해골'을 뜻하고, closet(클라짓)은 '장롱'을 의미한다. 같은 의미로 closet 대신 cupboard(커버드)를 쓰기도 한다. skeleton에 비교해 skull(스컬)은 해적기(black flag)에 그려진 '두개골'을 말한다.

skeleton in the closet은 직역하면 '장롱에 감춘 해골'이라는 뜻으로, '감추고 싶은 비밀'이라는 뜻으로 쓰이는 표현이다. '더러운 빨랫감'이라는 뜻의 dirty laundry(더티 론드리)도 같은 의미로 쓰인다.

'자신의 비밀을 털어 놓는 행위'를 뜻하는, 특히 동성애자가 자신의 성 정체성을 공개하는 coming out(커밍 아웃)이라는 말은 come out of the closet(컴 아웃 어브 더 클라짓), 즉 비밀의 장소인 closet에서 come out(나오다) 한다는 의미로 사용되는 표현이다.

That's my family's skeleton in the closet!
우리 형은 전과자야!

9세기경, 당시 스페인을 지배했던 이슬람교도(Muslim)들인
무어(Moor)족들은 서유럽(Western Europe)의 **배스트**(vast 광대
한)한 지역에 살던 슬라브(Slav)족들을 잡아 와 노예로 부렸
는데 이 Slav족에서 **슬레이브**(slave 노예)라는 단어가 나왔다.
노예 제도는 성경과 코란에서도 **퍼밋**(permit 허용)된 고대 경
제의 기반이 되는 관습이었다. '종, 하인'은 servant(서번트)
라 하는데 civil servant(시벌 서번트)는 '시민의 종', 즉 '공무
원'을 나타내는 표현이 되었다. '종의 신분'은 servitude(서
버투드)라 한다.

slush fund
비자금, 검은 돈

slush(슬러쉬)는 여름철 빙과류, 슬러시(slush ice cream)처럼 눈이 절반쯤 **멜터드**(melted 녹아)해 질편해진 상태를 뜻하는 단어다.

옛날 선원들은 배에서 **쿠킹**(cooking 조리)을 하고 남은 고기의 **팻**(fat 지방)이나 기름 **스크랩스**(scraps 찌꺼기)

는 따로 드럼통에 담아 보관했다. 항구에 도착하면 이를 **캔덜즈**(candle 양초)나 **소웁**(soap 비누)을 만드는 **팩터리**(factory 공장)에 팔아 목돈을 만들어 **스플릿**(split 나누어)해 가졌는데 이렇게 **세퍼럿리**(separately 따로)해 모은 돈을 slush fund(슬러쉬 펀드)라 했다.

참고로 일을 하다가 생기는 이 같은 부수입이나 일의 특성상 따라오는 특권을 perquisite(퍼쿼짓)이라 한다. 간단히 줄여 perk(퍽)라고도 하는데 매우 중요한 단어다.

여행을 좋아하는 여성이 항공사 승무원(flight attendant)으로 **엠플로이먼트**(employment 취직)해 세계 곳곳을 **프리**(free 공짜)로 다닌다거나, 정치인들이 술집에서 비싼 술을 마시고는 업

무상 중요한 **칸퍼런스**(conference 회의)를 했다며 나랏돈을 펑펑 쓰는 경우 perquisite, perk라는 표현을 쓸 수 있다.

세월이 지나 slush fund(슬러쉬 펀드)는 은밀한 뇌물이나 부정한 곳에 쓰기 위해 몰래 조성한 비자금이란 뜻으로 쓰이게 되었다.

Every head of every company has his own slush fund, it's the normal thing.

모든 회사의 모든 CEO들은 비자금을 가지고 있고, 그건 흔히 있는 일이다.

fund는 여러 사람들이 모아 둔 큰돈을 가리킨다.

smoking gun
명백한 증거, 꼼짝 못할 물증

smoking gun(스모우킹 건)은 1893년 아서 코난 도일(Arthur Conan Doyle)의 추리 소설『글로리어 스콧 호(The adventure of the 'Gloria Scott')』에서 셜록 홈즈(Sherlock Homes)가 처음 사용한 말에서 유래했다.

이는 밀실에서 총성이 울리고 사람들이 달려가 보니 한 사람이 쓰러져 있고, 또 한 사람의 손에는 연기가 나는 **피스털**(pistol 권총)이 들려져 있는 상황에서 쓴 표현이다. **아브비어스**(obvious 명백)하여, 논쟁의 여지가 없고(indisputabl), 반박할 수 없는(irrefutable) 결정적 **클루**(clue 단서)를 가리킬 때 쓴다.

snitches get stitches
밀고자는 보복을 당한다

범죄자들의 세계에서는 경찰의 **인포어머**(informer 끄나풀)가 되어 동료를 **스퀼**(squeal 밀고)하는 자는 반드시 **리벤지**(revenge 보복)했다.

stitch(스티치)는 '꿰매기, 봉합'을 뜻하며 snitch(스니치)는 '칼을 맞아 찢어져 봉합'하는 것을 뜻한다. snitch와 stitch처럼 발음이 비슷한 단어를 연결하는 것을 '운을 맞춘다' 하고 미국인들이 랩 음악에서 즐겨 쓴다.

'밀고하다'라는 의미로 drop a dime(드랍 어 다임)이라는 표현을 쓰기도 하는데 dime은 10센트짜리 동전을 가리킨다. 경찰의 정보원이 으슥한 골목의 공중전화 박스에서 **포운**(phone 전화기)에 동전을 **드랍**(drop 떨어뜨려)해 은밀한 정보를 고해바치는 행동에서 나온 표현이다.

중세의 유럽은 가톨릭 교회가 중심이 되는 **소우사이어티**(society 사회)였다. 아기가 **본**(born 태어나)하면 곧 교회에서 세례를 받고, 어린이는 교회가 세운 학교에서 **스터디**(study 공부)를 하고, **프리스트**(priest 신부)의 주례로 교회에서 결혼하고, 교회가 소유한 밭에서 농사를 지어 세금을 교회에 바쳤다.

교회에서 **오어퍼너지**(orphanage 고아원)나, 빈민 구호 시설, 병자를 위한 시설을 운영했고, 죄를 **컨페션**(confession 고해)하고 **퍼기브너스**(forgiveness 용서)를 받으며, 죽을 때는 신부의 집전으로 사망성사(death rite)를 받고 저세상으로 갔다.

이런 교회에서 가장 금하는 것은 **가드**(God 하나님)를 믿지 않고 다른 **아이덜**(idol 우상)을 섬기는 **헤어러시**(heresy 이단)나 해괴한 '요술, **위치크래프트**(witchcraft 마법)'를 믿는 것, 죽은 자들을 불러내어 **위쉬**(wish 소원)를 비는 **네크로맨시**(necromancy 강령술), 무당을 불러 비는 **소어서리**(sorcery 굿)이었다.

이런 금지된 행위 중 가장 **헤비**(heavy 무거운)한 죄가 heresy

였다. 이런 사이비 종교 행위를 하다가 적발되면 교회법에 따라 죽음을 면치 못했다.

13세기부터 이런 heresy를 다루기 위한 특별 **인퀴지션**(inquisition 종교재판소)이 **이스태블리쉬**(establish 설립)되었고, heresy로 **서스피션**(suspicion 의심)을 받으면 죄가 있든 없든 목숨을 부지하기 힘들었다. 이루 말할 수 없는 끔찍한 고문을 당하는 사람은 무엇이든 자백하지 않을 수 없었으며 고통에 못 이겨 '거짓 자백(false confession)'을 하고 나면 산채로 말뚝에 묶여 **버닝**(burning 화형)을 당했다. 유럽 여러 나라에서 inquisition이 설립되었지만 이탈리아, 포르투갈, 스페인의 inquisition이 악명이 높았다. 그중에서도 스페인 inquisition이 잔인하기로 가장 **페이머스**(famous 유명)하다. 스페인 inquisition은 1478년 당시 국왕 페르디난도와 왕비 이사벨라가 세운 것으로 1800년도 중반까지 계속되었다. 현재 inquisition은 '엄중한 심문, 조사'라는 의미로 사용되고 있다.

I agreed to answer a few questions but I didn't expect the Spanish Inquisition.
나는 몇 가지 질문에 답하기로 했지만 이렇게 사람을 들볶으리라고는 생각도 하지 못했다.

inquisition의 방법 가운데 한 가지였던 grill(그릴)은 고기를 굽는 '석쇠'라는 의미의 단어로 불로 지지는 고문이었다.

그래서 grill이라고 하면 '불에 굽다'라는 원래 의미에서 **히링**(hearing 청문회) 같은 곳에서 피의자를 '엄하게 심문하다'라는 의미로 발전되었다.

After being grilled by the police for two days Johnson signed a confession.
이틀 동안 경찰에 의해 혹독한 심문을 받은 후에 존슨은 진술서에 서명했다.

또 rack(랙)이라는 고문 방식도 있었다. 나무판자 위에 눕힌 사람의 **앵컬**(ankle 발목)과 **리스트**(wrist 팔목)를 밧줄로 묶어 놓고 톱니바퀴를 돌리며 천천히 늘이는 잔인한 방법이었다. 현재, 동사 rack은 '고문하다, 괴롭히다, 짜내다, 착취하다'라는 의미로 사용되고 있다.

He was racked by remorse.
그는 양심의 가책으로 괴로워했다.

I racked my brains for an answer.
나는 답을 찾기 위해 머리를 짜냈다.

'문신'을 뜻하는 tattoos(태투즈)는 지금의 아이티(Haiti) 섬이나 사모아가 있는 폴리네시아어에서 온 단어로 '피부에 난 찔린 자국'을 뜻하는 tatau에서 왔다. 5,000년도 지난 아주 옛날부터 원시시대 사람들은 부적이나 종교적 신앙(religious beliefs), 신분의 상징(status symbols)으로 tattoos를 해 왔다.

시간이 지나면서 이는 주로 노예의 표시나 범죄자에게 형벌로 이마나 등 뒤에 새겨 넣는 **브랜디드**(branded 낙인)로 사용되었다. 근래에 들어서는 범죄자들이 그들만의 **마아크**(mark 표식)로 tattoos를 해 일반인들은 꺼려했지만 요즘은 **엔터테이너**(entertainer 연예인)나 스포츠 스타들 사이에서 패션처럼 유행하면서 일반인에게도 널리 **스프레드**(spread 퍼지게)되었다.

'부적'을 뜻하는 표현으로는 charm(참)과 talisman(탤리스먼), amulet(애멸럿)이 있는데 charm은 주로 **네클러스**(necklace 목걸이) 같은 **주얼리**(jewelry 보석)로 악한 기운을 쫓는 것을 말하며 talisman은 몸에 지니면 복이 깃든다는 물건, amulet은 몸에 지니는 물건에 문양이나 문자를 새긴 것을 말한다.

토끼의 발을 잘라 말려 목에 걸고 다니면 악을 쫓는다 하는 것은 amulet이라기보다는 charm에 가깝다. 우리가 흔히 쓰는 sport(스포어트)라는 표현에는 동사로 '몸에 걸치거나 장식하다, 자태를 뽐내다'라는 뜻이 있다.

Back in the 1960s, he sported platform heels and hair down past his shoulders.
1960대 당시에 그는 플랫폼 신발과 어깨 아래까지 내려오는 머리를 하고 다녔다.

star-crossed lovers
불운한 연인들, 엇갈린 운명의 연인들

셰익스피어의 희곡 「로미오와 줄리엣(Romeo and Juliet)」의 대사에 "A pair of star-cross'd lovers(어 페어 어브 스타아 크라스드 러버즈)"라는 표현이 **퍼스트**(first 처음)로 등장한다.

당시에는 사람의 운명이 별들에 의해 **어펙트**(affect 영향)를 받는다는 미신이 있었는데 star-crossed(스타아 크로스트)는 직역하면 '별들이 방해하는'이라는 의미이므로 결국 운명적으로 이루어질 수 없는 사랑을 가리키는 **애직티브** (adjective 형용사)가 되었다.

그래서 star-crossed lovers(스타아 크로스트 러버즈)는 서로 **하틀리**(hotly 뜨겁게)하게 사랑하지만 두 집안이 **아퍼지션** (opposition 반대)하거나, 이미 한쪽이 결혼한 몸이라 세상의 비난으로 인해 **쒈터드**(thwarted 좌절되는)된 아픈 사랑을 하는 연인들을 말한다.

「트리스탄과 이졸데(Tristan and Isolde)」의 불륜의 사랑과, 『원탁의 기사들(Knights of the Round Table)』 중에서 아서 왕(King Arthur)이 가장 믿었던 knight(나이트)인 랜슬럿 (Lancelot)과 왕비였던 귀너뷔어(Guinevere)의 용서받지 못할 사랑이 대표적인 경우다.

stop and frisk
불시 검문

'불시 검문'을 뜻하는 stop and frisk(스탑 언드 프리스크)를 stop-question-and-frisk program(스탑 퀘스천 언드 프리스크 프로우그램)이라고도 한다.

얼마 전까지만 해도 미국의 뉴욕 주에서는 경찰이 수상해 보이는 **퍼데스트리언**(pedestrian 행인)을 불러 세워 놓고 **프리스크**(frisk 몸수색)를 할 수 있게 하는 법이 있었다.

frisk는 머리부터 발끝까지 옷 위로 몸을 더듬는 **서치**(search 수색) 방법이다. 문제는 몸수색을 당하는 사람들의 대부분이 흑인(African-American)과 라틴계(Latino) 주민들이었기 때문에 이러한 심각한 **디스페러티**(disparity 불균형)가 차별이라는 비난을 받게 되면서 지금은 stop and frisk가 대폭 줄었다.

summa cum laude
최우등으로

영어권의 **칼리지**(college 단과대학)나 **유너버서티**(university 종합대학)에서는 **그래저윗**(graduate 졸업생) 중 **그레이드**(grade 성적)가 현저하게 **디스팅크티브**(distinctive 뛰어난)한 학생들에게 상을 주는데 일반적으로 cum laude(컴 로드), magna cum laude(매그너 컴 로드), summa cum laude(수머 컴 로드), 세 가지 라틴어 **레이팅**(rating 등급)으로 **클래서퍼케이션**(classification 분류)해 시상하게 된다. 가장 낮은 등급인 cum laude는 '그런대로 좋은 성적'을, magna cum laude는 '우수 성적'을, summa cum laude는 '최우수 성적'을 나타낸다. 보통 with를 붙여 graduate with summa cum laude(그래저윗 윋 수머 컴 로드) 형태로 사용한다.

이런 시상 등급 명칭은 라틴어에서 가져왔기 때문에 Latin honors(래턴 아너즈)라 부르는데 honor에는 '뛰어남'이라는 뜻이 있어 '우등생'을 honor student(아너 스투던트)라 한다. 우등생 명부를 honor roll(아너 로울)이라고 하는데 roll은 원래 '양피지 두루마리'를 의미하던 것이 '기록부, 명부'라는 의미를 갖게 되었다. 또 honor에는 '명예, 존경'이라는 의미도 있어 법정에서 재판장을 부를 때 '존경하는 재판장님'

을 Your honor(요어 아너)라 하고, **브라이즈메이드**(bridesmaid 신부 들러리)를 대표하는 미혼 여성 또는 왕비나 공주의 시녀를 maid of honor(메이드 어브 아너)라고 한다.

아랍의 일부 국가에서는 자녀가 범죄를 짓거나 **게이**(gay 동성연애자)라서 가문의 **셰임**(shame 수치)으로 여겨지면 가족들이 살해하는 경우가 있는데 이를 '명예 살인(honor killing)'이라 한다. 파키스탄에서는 해마다 가족에 의해 honor killing(아너 킬링)으로 희생되는 여성이 무려 1천 명에 이른다고 한다.

summer solstice
하지

solstice(솔스티스)는 우리말로 지(至)라고 하여, 태양이 **이크웨이터**(equator 적도)로부터 **노어쓰**(north 북) 또는 **사우쓰**(south 남)로부터 가장 **디스턴트**(distant 멀어진)한 상태를 말한다.

일 년에 두 번 이르는데 6월 11일경 여름에 오는 것을 **서머 솔스티스**(summer solstice 하지)라 하고, 12월 22일경 겨울에 오는 것을 **윈터 솔스티스**(winter solstice 동지)라 한다. summer

solstice는 일 년 중 **데이타임**(daytime 낮)의 길이가 가장 길고, winter solstice는 **나이트**(night 밤)의 길이가 가장 길다.

반면에 밤낮의 길이가 같아지는 점을 춘분점, 추분점이라 하여 각기 spring equinox(스프링 이퀴낙스), autumnal equinox(오텀널 이퀴낙스)라 하고, 3월 20일경의 spring equinox를 지나서 낮의 길이가 점점 길어지고, 9월 22일경의 autumnal equinox(오텀널 이퀴낙스)를 지나서 밤의 길이가 점차 길어진다.

러시아 소설가 도스토옙스키(Fyodor M. Dostoyevsky)의 단편 소설 「백야(White Night)」에는 동토의 땅, 러시아에 summer solstice가 오면 상트페테르부르크(Saint Petersburg)의 밤의 길이는 5시간밖에 되지 않는다고 한다. 그 밤도 뿌옇게 동이 트는 **돈**(dawn 새벽)과 같아서 white night(와잇 나이트)가 **준**(June 6월) 초부터 **줄라이**(July 7월) 초까지 북국(北國)의 **로우맨틱**(romantic 낭만)이 약 한 달간 시적으로 이어진다. white night을 러시아어로 belye nochi라 한다. 스페인어에서 저녁 인사는 Buenas noches인데 여기서 nochi 혹은 noches는 '**디너**(dinner 저녁)'를 나타냄을 알 수 있다.

참고로 중세 시대의 영주는 자기 영토 안에서 **유쓰**(youth 청춘)한 남녀가 결혼식을 올리면, 그 전날 밤 무조건 영주가 신부와 합방을 한다는, 말도 안 되는 법이 있었다. 이 법을 '초야권'이라 하여 jus primae noctice(주 프라이메이 낙터스)라 하였다. jus는 '권리'라는 의미다.

superstition
미신

서양인들은 **래셔널**(rational 합리적)이고 과학적이라 '**수퍼스티션**(superstition 미신)' 따위는 안 믿을 것 같지만 사실은 알게 모르게 많은 superstition을 믿고 있다. 서양에서 신혼여행 첫날밤에 **브라이드그룸**(bridegroom 신랑)은 반드시 신부를 안아서 신방에 들어가야 한다. 신랑이 신부를 번쩍 들어 안아 **베드**(bed 침대) 위에 **러프**(rough 거칠게)하게 내던지는 모습은 영화 같은 데서 흔히 보는 낭만적인 장면이기도 하다. 이는 **쓰레쇼울드**(threshold 문지방)에 온갖 잡귀가 모여 있고, 그 잡귀가 신부의 **소울**(sole 발바닥)을 통해 들어간다고 믿었기에 신부가 첫날밤 threshold에 걸려 **팔링**(falling 넘어지는)하는 것을 **프리벤션**(prevention 방지)하기 위함이었다. 신부가 문지방에 걸려 넘어지는 일은 결혼 생활에 있어 최고로 **아머너스**(ominous 불길한)한 일이라 여겨졌기 때문이다.

출근길에 검은 고양이가 길을 가로질러 가면 재수가 없다고 여겨 다시 집으로 들어가 옷을 갈아입고 나오기도 했다. 검은 고양이는 **위치**(witch 마녀)가 데리고 다니는 **메선저**(messenger 심부름꾼)라고 믿었기 때문이다.

스와스티커(swastika 십자표지)
표식은 이미 5,000년 전부
터 사용되었고 유럽, 아시
아, 아프리카 곳곳에서 **엑**

스커베이션(excavation 발굴)되었다. swastika는 인도 범어인
산스크리트어(Sanskrit)로 '행운(good luck), **아스피셔스너스**
(auspiciousness 상서로움)'이라는 의미가 있다.

1900년 초기까지도 코카콜라의 사은품이나 칼스버그
(Carlsberg) 맥주병, 미국의 보이스카우트에서도 swastika는
유행처럼 사용되었다.

1800년대 후반 독일의 저명한 고고학자 하인리히 슐리만
(Heinrich Schliemann)이 트로이의 **리메인즈**(remains 유적)를 발
굴하면서 이 문양을 발견하고, 이어 독일의 고대 유물에
서도 같은 문양을 발견하자 이 '구부러진 십자가(hooked
cross)'가 독일의 **수피어리오어리티**(superiority 우수성)를 함축하
는 것이 틀림없다고 제멋대로 해석한다.

독일 민족은 아리안(Aryan)의 후예로 **퓰**(pure 순수)하고 **엑셀
런트**(excellent 우수)한 피를 타고났다고 굳게 믿은 히틀러는
swastika를 나치의 심볼로 사용한다.

히틀러의 친위대인 Schutzstaffel(셧스태펄)의 **인시그니어**
(insignia 계급장)나 휘장에 쓴 두 개의 번개 문양은 고대 게르
만 문자인 룬 문자(rune 혹은 runic alphabet)의 '태양'에서 왔는
데 보통 SS lightning bolt(에세스 라잇닝 보울트)라고 한다.

talk turkey
솔직히 얘기하다, 털어놓고 말하다

미국의 서부 **파이어니어**(pioneer 개척) 시대에 영국의 귀족이 아메리카 원주민(native American)의 **가이던스**(guidance 안내)를 받아 사냥을 가게 되었다. 사냥이 끝나면 사냥감을 **페어** (fair 공평)하게 나누기로 하고 **디파아처**(departure 출발)했는데, 해가 질 때쯤 보니 잡은 것은 겨우 칠면조 한 마리와 까마귀 한 마리뿐이었다. 영국인이 native American(네이티브 어메리컨)에게 이렇게 제안한다.

You take the crow and I'll take the turkey, or I'll take the turkey and you take the crow
당신이 까마귀를 가져가면 내가 칠면조를 가져가겠소. 아니면 내가 칠면조를 가져갈 테니 당신이 까마귀를 가져가시오.

그러자 native American이 답한다.

Ugh! You no talk turkey to me a bit
윽! 당신은 나한테 칠면조 얘기는 전혀 안 하네요

그 이후로 talk turkey^(톡 터키)라는 표현은 '솔직하게 말하다, 까놓고 이야기하다'라는 의미로 널리 사용되고 있다.

OK, let's talk turkey–you're broke and you don't have work. What are you going to do?
좋아, 솔직히 얘기해 보자. 너는 돈 한 푼 없고, 일자리도 없어. 앞으로 어떻게 할 거야?

참고로 아메리카 대륙의 원주민을 예전에는 흔히 아메리칸 인디언^(American Indian)이라고 불렀는데 콜럼버스가 아메리카 대륙을 인도로 잘못 생각한 데서 유래한 표현이다. 따라서 이제는 원래 '인도인'을 의미하는 Indian^(인디언) 대신에 native American이라는 정확한 명칭을 사용한다. 형용사 native는 '원주민의, 토종의'라는 의미다.

186 ● TANSTAAFL
**세상에 공짜 점심은 없다,
거저 얻을 수 있는 것은 없다**

'세상에 공짜는 없다'란 뜻의 TANSTAAFL(탄스타플)은 There Ain't No Such Thing As A Free Lunch(데어 에인트 노우 서치 씽 애즈 어 프리 런치)의 머리글자를 딴 두문자어다. 이런 **리저너블**(reasonable 지당한)한 말씀을 **애더지**(adage 금언)이라 한다.

약 150여 년 전, 미국의 한 **설룬**(saloon 술집)에서 **레귤러**(regular 단골)에게 술 한 잔 값만 내면 **런치**(lunch 점심)를 공짜로 준다는 **월페이퍼**(wallpaper 벽보)를 **도어**(door 문) 앞에 붙이고 **드링커**(drinker 술꾼)들을 끌어들였다. saloon의 주인들은 많은 음식을 준비해 손님들이 양껏 **잇**(eat 먹게)하게 했는데 햄이나 치즈, 크래커 등 모두가 **솔티**(salty 짠)한 음식들이었다. 이런 짠 음식들을 먹은 **게스트**(guest 손님)들은 갈증이 나서 많은 **비어**(beer 맥주)를 들이켜게 되었고, 결국은 공짜로 얻어먹은 점심 값보다 술값으로 지불한 돈이 더 많은 데서 유래한 표현이다.

노벨 경제학 수상자인 밀턴 프리드먼(Milton Friedman)이 1975년 『There ain't no such thing as a free lunch』라는 경제학 책을 쓴 이후로 경제학 용어로 널리 쓰이게 되었다.

tantalize
애태우다, 감질나게 하다

그리스 신화의 탄탈로스 (Tantalus)는 신들의 **피스트**(feast 잔치)에 **인비테이션**(invitation 초대) 받아 갔다가 신들의 음식과 **베버리지**(beverage 음료)를 **스토울런**(stolen 훔친)한 죄로 지옥에서 벌을 받는다.

탄탈로스는 위로는 사과나무가, 아래로는 맑은 물이 흐르는 **리버**(river 강)에 허리를 묶인 채로 서 있어야 하는 고통을 받는다. 배가 고파 **애펄**(apple 사과)을 따려면 **브랜치**(branch 나뭇가지)는 멀어지고, 손으로 **워터**(water 물)를 뜨려면, 물은 아래로 빠져 영원한 **헝거**(hunger 배고픔)와 **써스트**(thirst 목마름)의 고문에 시달리지만 그는 영원히 죽지 않는다.

탠털라이즈(tantalize 애태우다)는 이 같은 고통으로 시달린 탄탈로스의 이름에서 따 온 표현이다. 또한 이런 격심한 고통을 anguish(앵귀쉬), 고뇌는 torment(토어멘트) 그리고 고문은 torture(토어처)라고 한다.

2015년에는 수영에서 박태환 이, 2016년에는 테니스에서 마 리아 샤라포바(Maria Sharapova) 가 약물 테스트(doping test)에서  test positive(테스트 파저티브)로 나왔다.

시합 중 귀에 **어노이잉**(annoying 거슬리는)하는 괴성을 지르는 것으로 유명한 키 186센티미터 장신의 이 여자 재벌 선수 는 세계 반 도핑위원회(World Anti-Doping Agency)에서 2016 년부터 금지한 **드러그**(drug 약물)인 '멜도늄(meldonium)'을 10 년간 꾸준히 **인젝션**(injection 주사)을 한 것으로 밝혀졌다.

meldonium(멜도우니엄)은 '피의 흐름(blood flow)'을 좋게 하 여 **카아디오우배스큘러**(cardiovascular 심혈관)의 기능을 **임프 루브먼트**(improvement 향상)시켜 운동 능력을 끌어올리는 (performance enhancing) **이펙트**(effect 효과)가 있는 것으로 알려 져 있다. cardiovascular는 의학 용어로 '심장의'라는 뜻의 cardio(카아디오우)와 '혈관의'라는 의미의 vascular(배스큘러) 가 **컴바인드**(combined 합쳐진)된 중요한 단어다.

이 사건 이 후 나이키(Nike)와 자동차 메이커 포르셰(Porsche),

생수(bottled water) 업체 에비앙(Evian), 삼성 등이 스폰서 계약을 **터머네이션**(termination 해지)함에 따라 샤라포바는 **아너**(honor 명예)가 땅에 떨어진 것은 물론 **트러멘더스**(tremendous 막대한)한 금전적 **로스**(loss 손해)까지 입게 되었다.

the final nail in the coffin
결정타, 최후의 일격

the final nail in the coffin(더 파이널 네일 인 더 코핀)은 이미 서서히 무너져 내리는 상태에 '**페이털**(fatal 치명적)인 타격'을 가하는 것을 **어낼러지**(analogy 비유)한 표현이다. 보통 put[drive] the final nail in the coffin(풋[드라이브] 더 파이널 네일 인 더 코핀)라는 어구로 사용된다.

This scandal will be going to put the final nail in the coffin of his career.
이번 스캔들은 그의 경력에 치명타가 될 것이다.

coffin(코핀)은 장례식 때 **코어프스**(corpse 시신)를 안치하는 관을 말하는데 casket(캐스켓)도 같은 의미이지만 둘 사이에는 뚜렷한 **디퍼런스**(difference 차이)가 있다.

coffin은 사람의 형태에 맞춘 **헥서간**(hexagon 육각형) 또는 **악터간**(octagon 팔각형)이지만 casket은 그냥 **렉탱걸**(rectangle 사각형)으로 길쭉하게 생긴 **투브**(tube 관)를 가리킨다. casket은

'상자'를 의미하는 case(케이스)에서 유래했다. 카세트테이프(cassette tape)의 cassette(커셋)은 case를 의미하는 고대 프랑스어 casse와 '작은 것'을 나타내는 접미사 -ette가 붙어 '작은 상자'를 의미한다.

The Prince
군주론

『군주론(The Prince)』은 이탈리아의 **디플러맷**(diplomat 외교관)이자 정치 **씽커**(thinker 사상가)인 니콜로 마키아벨리(Niccolo Machiavelli)가 집필한 정치 **필라서피**(philosophy 철학)에 대한 저서로 1513년에 **퍼블리슁**(publishing 출간)되었다.

그가 활동하던 16세기의 이탈리아는 나폴리(Naples), 베네치아(Venice), 피렌체(Florence), 밀라노(Milan) 같은 자그마한 도시국가(city state)들이 난립하던 시기였다. city state(시티스테이트)를 공국(公國)이라 하고 이 공국을 다스리는 군주를 '공(公 prince)'이라고 불렀다.

마키아벨리 하면 **시니스터**(sinister 사악한), **너페어리어스**(nefarious 흉악한), **머니펄레이티브**(manipulative 조작하는), **언더핸드**(underhand 음흉한), **커닝**(cunning 교활한), **크루얼**(cruel 잔인한) 등의 형용사들이 총망라해 떠오른다. 그는 The Prince(더 프린스)에서 권력을 잡기 위해서는 **민즈**(means 수단)와 방법을 가리지 말아야 한다고 주장하며, 잡은 권력을 **메인터넌스**(maintenance 유지)할 수 있는 책략들을 집대성했다.

다음은 마키아벨리가 남긴 유명한 말들이다.

It's better to be feared than loved.

사람들에게 사랑을 받기보다 두려움의 대상이 되는 게 낫다.

The end justifies the means.

목적은 수단을 정당화한다.

throw down the gauntlet
싸움을 걸다, 결투를 신청하다

gauntlet(곤틀럿)은 중세 기
사들이 전투 때 끼는 갑옷
용 장갑을 가리킨다.
'결투를 신청하다'라는
throw down the gauntlet(쓰로우 다운 더 곤틀럿)이란 표현에서
보듯이 이 gauntlet을 상대편의 발 아래 던지는(throw down)
것은 상당한 **인설트**(insult 모욕)이며, 이를 피하면 **카워드**(coward
비겁한)로 조롱받기 때문에 상대방은 이를 주워(take up), 목
숨을 건 결투에 응해야만 했다. 걸어온 싸움에 맞서는 것을
take up the gauntlet(테익 업 더 곤틀럿)이라 한다.

The senator threw down the gauntlet on abortion issue.
상원의원들이 낙태 문제에 대해 논쟁을 걸었다.

throw the book at
엄중하게 처벌하다

신(sin 죄)을 지은 사람을 처벌함에 있어 **라잇리**(lightly 가볍게)하게 벌하는 것을 '솜방망이 처벌'이라 하고, 영어로는 a slap on the wrist(어 슬랩 안 더 리스트)라는 표현을 쓴다. slap(슬랩)은 '찰싹 때리다'라는 뜻이고, wrist(리스트)는 '손목'을 뜻하므로 직역하면 '손목을 가볍게 한 번 찰싹 때리다'는 뜻이 된다.

이와 반대되는 의미로 throw the book at(쓰로우 더 북 앳)이라는 표현이 있다. 직역하면 '~에게 책을 내던지다'라는 의미로 '엄벌을 내리다'라는 뜻을 나타낸다. 판사가 몹시 분노해 범죄자에게 **로북**(lawbook 법전)을 집어던지는 광경을 연상하면 이해가 될 것이다.

a slap in the face(어 슬랩 인 더 페이스)라는 표현도 있는데 누군가의 뺨을 철썩 때리는 것으로 '모욕'이라는 의미를 나타낸다.

TIP(To Insure Promptness)
팁(신속함을 보장하기 위해)

17세기 후반은 대항해 시대가 **픽**(peak 절정)에 달한 시기였다. 1688년 에드워드 로이드(Edward Lloyd)라는 영국인이 런던의 중심가인 타워 스트리트(Tower Street)에 커피숍(coffee house)을 열었다. 주요 고객은 부유한 금융가들과 해운업자들로, 이들은 이곳에 함께 **개더**(gather 모여)해 배나 화물의 운항과 **세이프티**(safety 안전)를 위해 **인슈런스**(insurance 보험)를 계약하거나 선박 매매 또는 해운 **딜**(deal 거래)을 했다. 이 coffee house(카피 하우스)는 훗날 자리를 옮겨 세계적인 보험 협회인 런던 로이즈(Lloyd's of London)로 바뀌었다.

당시 커피 한 잔을 **보일**(boil 끓이기)하기 위해서는 커피콩을 볶고 갈아 원액을 내리는 복잡한 **프로세스**(process 과정)를 거쳐야 했기 때문에 커피가 **서브**(serve 제공)

되기까지 상당한 시간이 걸렸다. 그래서 coffee house의 한 모퉁이에는 '신속함을 보장'이라는 뜻의 'To Insure Promptness(투 인슈어 프람프트너스)'라는 문구를 새겨 넣은 커다란 **브래스웨어**(brassware 놋그릇)를 놓아두고 고객이 자리

에 앉기 전에 그 놋그릇에 동전을 넣으면 우선적으로 커피를 **딜리버리**(delivery 배달)하는 서비스를 제공했다. 오늘날 우리가 쓰는 tip이라는 표현은 여기에서 유래했다고 한다.

tit for tat
가는 말에 오는 말, 받은 만큼 그대로 앙갚음

tit for tat(팃 포어 탯)은 'this for that(디스 포어 댓)'의 **어브리비에이션**(abbreviation 줄임말)으로 사람이 자기가 모욕을 '당한 만큼 그대로 되돌려 준다'는 의미다.

러시아 대통령 푸틴(Vladimir Putin)은 서른한 살 때 비행기 **크루**(crew 승무원)였던 여섯 살 연하의 루드밀라(Lyudmila)와 결혼했다. 2013년 두 사람은 31년간의 결혼 생활에 종지부를 찍고 **디보어스**(divorce 이혼)했는데 루드밀라는 독일의 한 **매거진**(magazine 잡지사)과의 인터뷰에서 푸틴을 가리켜 **뱀파이어**(vampire 흡혈귀) 같은 인간이라고 욕한다. 그러자 푸틴이 이를 그대로 받아 "누구든지 저 여자와 3주만 같이 사는 남자가 나온다면 **마뉴먼트**(monument 기념비)를 세워 주겠다"고 맞받아쳤다.

이처럼 뒤끝 작열의 보복성 **리마아크스**(remarks 발언)가 전형적인 tit for tat이라 할 수 있다. 푸틴의 말과 달리, 루드밀라는 이혼 후 21세 연하의 남자와 **리메어리지**(remarriage 재혼)한 것으로 알려졌다.

I noticed she didn't send me a card : I think it was tit for tat
because I forgot her birthday last year.

그녀가 내게 카드를 보내지 않은 것을 눈치 챘을 때 나는 그것이
작년에 내가 그녀의 생일을 잊어버린 것에 대한 복수라는 생각
이 들었어.

top notch
최고로 뛰어난, 일류의

notch(나치)는 나무에 새긴 V자 모양의 **스케일**(scale 눈금)을 가리킨다. 서부 시대에는 가정에서 아이들이 키가 자라는 것을 **월**(wall 벽)에 칼로 V자 **셰입**(shape 모양)을 새겨 기록했는데 top notch(탑 나치)는 '맨 꼭대기' 눈금에 키가 닿은 상태를 나타낸 것이다.

장애물 경기(the hurdles)에서 막대를 한 **스테어즈**(stairs 계단)씩 올리기 위한 홈도 notch라 하는데 가장 높은 곳에 올려진 막대를 뛰어넘는 뛰어난 실력을 표현한 것이기도 하다. 비유적으로, 최상의 품질을 가진 제품이나 최고의 기량을 가진 사람을 뜻한다.

We need to offer high salaries to attract top notch staff.
일류 직원을 유치하려면 높은 임금을 지불해야만 한다.

196 ● tragedy
비극

고대 그리스의 철학자 아리스토텔레스(Aristotle)에 의해 **트래저디**(tragedy 비극)의 **데퍼니션**(definition 정의)이 처음 내려졌고, 그리스에서 tragedy의 **플레이**(play 연극)가 처음으로 시작되었다. **스퀠**(square 광장)에서 연극 공연의 콘테스트가 열렸는데 최우수작에 주어지는 상품은 살아 있는 **고우트**(goat 염소)였다. **칸테스트**(contest 경연)가 끝나면 술과 연극의 신 디오니소스(Dionysus)에게 이 goat를 **오퍼링즈**(offerings 제물)로 바치는데 tragedy는 그리스어 tragodia, 즉 죽어가는 염소의 울음소리 goat+song의 합성어다.

trailblazer
개척자, 선구자

트레일블레이저(trailblazer 선구자)는 어떤 분야에서 혁신적인 새로운 방법을 발견하거나 개발한 사람을 가리키는 표현이다.

He will always be remembered as a trailblazer in AIDS research.
그는 에이즈 연구의 개척자로 항상 기억될 것이다.

trail(트레일)은 **패쓰**(path 오솔길)

같은 데서 사람이나 짐승이 지나간 '자취'를 뜻하며, blaze(블레이즈)는 '불이 활활 타다'라는 의미다. 우거진 '숲길에 불을 내어(bllaze the trail)', 낡은 수풀을 무너뜨리고 처음으로 길을 만들었다는 의미로 trailblazer라는 단어가 생겨났다는 **루머**(rumor 속설)가 있으나 이는 틀린 유래다.

blaze는 원래 소나 말의 콧잔등에 있는 **와잇**(white 흰색)의 다이아몬드 모양의 **패턴**(pattern 무늬)을 말하는 단어로, 미국

서부 개척 시대에 모험가들이 모르는 길을 갈 때 족적을 남기기 위해 **바아크**(bark 나무껍질)에 칼로 blaze 모양을 새겨 뒤에 오는 사람에게 안내를 했는데 여기에서 유래했다는 것이 정확한 **에터말러지**(etymology 어원)이다.

The company has blazed a trail in developing new medicines for curing cancer.
그 회사는 암을 치료하기 위한 새로운 약을 개발하는 선두에 있었다.

twists and turns
우여곡절

198

첩첩산중으로 가는 지방 도 로는 포도 **바인즈**(vines 넝쿨)가 뻗어가듯 휘돌아가는 복잡 한 길의 **컨티뉴어스**(continuous  연속)인데 이런 길처럼 파란만장하고 **커브**(curve 굴곡)가 많은 사건의 연속, 즉 '우여곡절'을 twists and turns(트위스트스 언 드 턴즈)라고 표현한다.

It's hard to follow all the twists and turns of the plot.
이 줄거리의 모든 변화무쌍함을 좇아가기 힘들다.

twists and turns와 비슷한 표현으로 ups and downs(업스 언드 다운즈)가 있다. '오르막이 있으면 내리막도 있다', 살다 보면 좋은 때도 있고, 힘든 때도 있다는 뜻이다.

Like many married couples, we've had our ups and downs.
많은 결혼한 커플들처럼, 우리에게도 맑은 날과 궂은 날이 있었다.

'얇은'이라는 뜻의 thin과 '두꺼운'이라는 뜻의 thick을 써서 through thick and thin(쓰루 씩 언드 씬)이라는 표현도 자주 쓰는데 '좋은 시간과 힘든 시간을 함께하다'라는 뜻으로 사용된다.

Over the years, we went through thick and thin and enjoyed every minutes of it.
오랜 세월에 걸쳐, 우리는 행복한 시간과 힘든 시기를 겪어 왔고, 매순간을 즐겼다.

underdog
패배자, 약자

'패배자, 약자'를 뜻하는 underdog(언더도그)라는 단어는 스포츠 경기 같은 승부에서 누가 봐도 질 것 같은 **윅**(weak 약한)한 상대를 가리키는 표현으로 19세기 말 '투견(dogfight, dogfighting)'장에서 두 마리의 **도그**(dog 개)가 싸움을 해 진 개는 이긴 개의 밑에 깔리게 된 데서 유래했다.

이긴 개는 top dog(탑 도그)라 하는데 현대 사회에서 근근이 살아가는 수많은 소시민들은 대개 underdog에 속한다. 이들이 힘 있고 잘난 top dog와 힘겹게 싸우는 드라마에서 우리는 underdog를 응원하며 대리만족을 얻는다.

유널래터럴(unilateral 일방적인)은 상대방의 **어그리먼트**(agreement 동의)나 **파아티서페이션**(partici pation 참여) 없이 자신의 **다그매틱**(dogmatic 독단적)한 방식으로 결정하고 상대에게 **노우터퍼케이션**(notification 통보)하는 것을 가리키는 단어다.

예를 들어, 한 나라가 유엔이나 다른 관계국과 아무런 상의도 없이 독단적으로 **네이버**(neighbor 이웃) 나라를 침공하는 경우를 unilateral attack(유널래터럴 어택)이라 한다. 라틴어 uni-는 one(원)을 나타내고 latus는 side(사이드)를 의미하여, unilateral은 one-sided라는 표현으로 대체할 수 있다. bilateral(바일래터럴)은 '쌍방의'라는 뜻이고, multilateral(멀틸래터럴)은 '다자간의'라는 뜻이다.

Dad unilaterally decided to take our family to Indiana for summer vacation without asking us.
아빠는 우리에게는 묻지도 않고 가족을 여름휴가 때 인디애나 주로 데려가기로 일방적으로 결정했다.

valentine's day massacre
밸런타인데이 대학살

1920년대 미국 마피아의 전설적인 **갱스터**(gangster 조직 폭력배) 보스 중 하나인 알 카포네(Al Capone)가 있었다. 금주법 시대(Prohibition era) 미국 시카고를 중심으로 주류 **트래피킹**(trafficking 밀매)과 **엑스토어션**(extortion 갈취), **프라스터투션**(prostitution 매춘)으로 어느 정도 자리를 굳힌 그는 1929년 Valentin's Day(발렌틴즈 데이)에 경쟁 조직 '아일랜드계 미국 갱(Irish American gang)' 조직원 일곱 명을 '집단 살해' 한다. 이 사건으로 암흑가는 '대혼란에(in shambles)' 빠지고 알 카포네가 제왕으로 자리 잡게 되는데 이 사건을 Saint Valentine's Day Massacre(세인트 밸런타인즈 데이 매서커)라 한다.

FBI는 알 카포네를 잡아들이기 위해 필사적으로 매달렸지만 결국 실패하고, 그는 '미 국세청(IRS, Internal Revenue Service)'에 의해 **택스 이베이전**(tax evasion 탈세) 혐의로 체포되어 11년의 형을 받는다. 알 카포네는 살아서는 그 누구도 탈옥할 수 없다는 **노우토어리어스**(notorious 악명 높은)한 교도소인 알카트라즈(Alcatraz)에 수감된다. Alcatraz(앨컷래즈)를

다른 말로 the Rock(더 락)이라 하는데 이는 동명의 영화로 만들어져 흥행에 크게 성공했다.

왼쪽 얼굴에 깊이 베인 **스카아**(scar 흉터)가 있어 Al Scarface Pone(앨 스카아페이스 포우니)라는 별명으로도 불린 그는 이 상처가 전쟁에서 부상당한 것이라 주장했지만 똘마니 시절, 나이트클럽에서 **바운서**(bouncer 경비원)를 할 때 다른 조직의 **미덜**(middle 중간) 보스가 여동생과 함께 춤을 추러 오자 그 여동생에게 첫눈에 반해 추근거리다 그 오빠의 칼에 베인 상처다.

bouncer는 술집이나 나이트클럽 앞에서 취객이나 **파이트**(fight 싸움)를 말리는 건장한 체격의 **바디가아드**(bodyguard 경호원)를 말하며, 현재 **포웁**(pope 교황)인 프란치스코(Francis)도 젊은 시절 bouncer로 일한 적이 있다. 알 카포네는 성병인 **시펄리스**(syphilis 매독)로 고생하다 심장 마비(cardiac arrest)로 사망했다.

로마 제국 시절, 지금의 독일 지방인 게르만 지방에는 **바아베어리언**(barbarian 야만인)들인 반달(Vandal)족들이 살고 있었다. 이 Vandal족은 5세기경 로마를 침략해 문화재나 예술품들을 파괴했는데 이 때문에 vandalism(밴덜리점)은 공중 전화기를 부수거나 담벼락에 **그러피티**(graffiti 낙서)를 하는 등 '공공 기물 파괴 행위'를 가리키는 말이 되었다.

vanish into thin air
흔적도 없이 사라지다

vanish into thin air(배니쉬 인투 씬 에어)은 사람이나 물건이 연기처럼 사라져 도무지 이해가 되지 않는 상황에서 사용하는 표현이다. 흔히 '귀신이 곡할 노릇이다'라는 말이 이에 해당한다. 1603년 셰익스피어의 희곡 「오셀로(Othello)」에서 처음 나와 지금껏 널리 사용되는 표현이다.

thin(씬)은 **씩너스**(thickness 두께)가 '얇은', 색이 '옅은', 몸이 '마른' 등 여러 가지 뜻이 있지만 특히 '머리숱이 없는'이나 산소가 '희박한'이라는 의미로도 쓰인다. 따라서 thin air는 '공기가 희박한 높은 대기(rarefied atmosphere)'로 사라졌다는 은유적 표현이다.

vanish(배니쉬)는 '사라지다'라는 의미인 데 비해 banish(배니쉬)는 '귀양을 보내다'라는 뜻이다. vanish into thin air와 유사한 표현으로 disappear without a trace(디서피어 위다우트 어 트레이스)를 쓰는데 trace는 짐승이나 사람이 지나간 '흔적'을 말한다.

이탈리아와 프랑스 사이에 위치한 지중해의 **아일런드**(island 섬) 코르시카(Corsica)에서는 자신의 가족이나 **클랜**(clan 씨족)의 일원에게 해를 끼치거나 **디스그레이스**(disgrace 치욕)를 준 다른 clan에 대해서는 반드시 복수를 해야만 했다. 이 같은 복수를 **벤데터**(vendetta 피의 복수)라고 한다. 마피아의 **버쓰플레이스**(birthplace 발상지)로도 유명한 코르시카와 이탈리아 남부의 섬 시칠리아(Sicily)에서 vendetta는 암묵적인 사회 규약(social code)이었다. 만약 이를 행하지 않으면 비겁자로 낙인 찍혀 얼굴을 들고 살아갈 수가 없었다.

우리가 살아가면서 아무것도 주고받은 것이 없지만 **어태치먼트**(attachment 정)가 가는 사람이 있는가 하면 이유 없이 싫은 사람이 있는데 이런 **헤이트**(hate 미운)한 감정을 두 사람 사이에 '나쁜 피(bad blood)'가 흐른다고 표현했다. 이런 bad blood(배드 블러드)는 이웃이나 친구, 형제, 심하면 부모 자식 사이에도 생기는데 bad blood가 오래 쌓이면 결국 **퓨드**(feud 불화)가 이어진다.

로미오와 줄리엣의 집안, 안동 김씨와 풍양 조씨 같은 가문의 **칸프런테이션**(confrontation 대립)이 그것이다. 이렇듯 이들 clan 구성원 사이에서 피의 복수가 끊임없이 **리피티드**(repeated 되풀이) 되는 것을 vendetta라고 한다.

verbatim
글자 그대로, 한마디 한마디 그대로

라틴어에서 온 verbatim(버베이 텀)은 '말한 그대로, 축어적으로' 라는 의미의 부사다.

미국에 Verbatim이라는 **페이머 스**(famous 유명)한 회사가 있는데 이 업체는 1970년대부터 플로피 디스크(floppy disk)를 시작 으로 CD, DVD, USB 등의 자료 저장(data storage) 매체를 생산해 왔으며, 1990년에 일본의 미츠비시(Mitsubishi) **케미 스트리**(chemistry 화학)에 인수 **머저**(merger 합병)되었다. 이 회사 가 사명(社名)을 Verbatim이라고 지은 것은 그들이 생산하 는 저장 매체가 한 글자도 놓치지 않고 그대로 정보를 담 아내겠다는 **윌**(will 의지)의 표현이었을 것이다.

vicious cycle
악순환

비셔스 사이클(vicious cycle 악순환)은 가난한 사람이 질 좋은 **에저케이션**(education 교육)을 받지 못해 고소득의 직장에 취업할 수 없고, 자녀들에게도 **이너프**(enough 충분)한 교육을 시키지 못해 가난이 끝없이 대물림 되는 식의 **배드**(bad 나쁜)한 결과가 **컨티뉴어슬리**(continuously 계속)되는 것을 말한다. vicious circle(비셔스 서컬)이라 하기도 한다. 어떤 문제에 대해 내놓은 **설루션**(solution 해결책)이 또 다른 문제의 **코즈**(cause 원인)가 되고, 그 해결책이 처음의 문제보다 '**워스**(worse 더 나쁜)'한 결과로 나타나는 연쇄반응(chain reaction)을 가리킨다. 반대 의미는 virtuous cycle(버추어스 사이컬)이라 한다.

If I quit cigarettes I put on weight, if I put on weight I get depressed, and if I get depressed I start smoking again, it's a vicious cycle.
담배를 끊으면 살이 찐다. 그리고 살이 찌면 우울증에 빠지게 되고, 우울해지면 다시 담배를 피우게 된다. 이것은 악순환이다.

waterboarding
물고문

워터보어딩(waterboarding 물고문)은 9.11 테러 이후 미국의 CIA
에서 이슬람 극단주의자나 테러범을 취조할 때 사용한 고
문 방법으로 미국 정부의 **커나이번스**(connivance 묵인)하에 쿠
바의 관타나모(Guantanamo) **캠프**(camp 수용소)에서 자행되었
다고 한다. 취조 대상자를 **보어드**(board 널빤지)에 묶어 머리
가 아래로 가게 15~20도가량 기울이고 발은 머리 위에 오
게 한다. 그리고 **마우쓰**(mouth 입)에는 비닐 랩(plastic wrap)을
씌우고 얼굴에는 젖은 수건(damp cloth)을 덮은 다음에 **타
월**(towel 수건) 위로 **케털**(kettle 주전자)에 담긴 물을 붓는 방식이
다. 코와 눈으로 물이 들어가 **애스픽시에잇**(asphyxiate 질식)하
는 듯한 고통을 느끼지만 **렁**(lung 폐)에 공기가 차 있어 죽지
는 않고, **드라운**(drown 익사)하는 듯한 고통이 끝없이 계속된
다.

입에 plastic wrap(플래스틱 랩)을 덮는 이유는 코로 들어간
물이 **쓰로우트**(throat 목구멍)와 부비강(副鼻腔)을 통해 나오지
않도록 하기 위함이다. 캄보디아의 크메르 루즈(Khmer
Rouge)가 포로로부터 자백을 받기 위해 사용해 널리 알려
진 고문 방법이다.

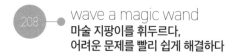

208 wave a magic wand
**마술 지팡이를 휘두르다,
어려운 문제를 빨리 쉽게 해결하다**

옛날, 무리를 이끄는 우두머리에게는 권위의 표시로 막대기가 주어졌다. 병을 **큐어**(cure 치유)하는 능력이 있는 노인(elderly person)들은 **케인**(cane 지팡이)을 짚고 다녔는데 이 cane에 신통한 능력이 있는 것으로 여겨지면서 cane는 곧 **샤먼**(shaman 주술사)들의 상징이 되었다. 영험있는 마녀들은 약초를 빻아 넣은 약탕을 **완드**(wand 마술 지팡이)로 휘저어 **패너시어**(panacea 만병통치약)를 만들어 냈다. 「해리 포터(Harry Potter)」 영화 시리즈에서도 **위저드**(wizard 마법사)들이 wand를 가지고 다니며 '아브라카다브라(abracadabra)'라는 **인캔테이션**(incantation 주문)을 외우며 마술을 부린다. 이 wand가 나중에 왕이 지니고 다니던 홀로 발전했다는 설도 있다.

Unfortunately, you can't just wave a magic wand, and get rid of poverty.

애석하게도 네가 요술 지팡이를 휘두르는 것만으로 빈곤을 제거할 수는 없다.

well-endowed
풍만한, 물건이 큰

형용사 well-endowed(웰 엔다우드)는 직역하면 '좋은 자질을 타고난'이라는 뜻이지만 에둘러 말하는 **디선트**(decent 점잖은)한 표현으로 '남자가 우람한 **제너탈려**(genitalia 성기)를 가진, 여자가 가슴이 큰'이라는 의미로 쓰인다.

미국의 36대 **프레지던트**(president 대통령)인 린든 존슨(Lyndon B. Johnson)은 192센티미터나 되는 장신에 well-endowed한 대통령으로 유명했다. 그는 특별히 따로 **팬트스**(pants 바지)를 맞춰 입어야 할 정도였다고 한다.

win by a landslide
대승을 거두다, 큰 점수 차로 이기다

landslide(랜드슬라이드)는 '산사태'를 가리키는 표현으로, win by a landslide(윈 바이 어 랜드슬라이드)는 산사태가 나서 상대방을 압사시킬 만큼 '큰 차이로(by a large margin)' 이기는 것을 나타내는 말로 주로 **일렉션**(election 선거)에서 쓰는 말이다. 같은 의미로 landslide victory(랜드슬라이드 빅터어리)를 쓰기도 한다. margin(마아전)은 '수익, 가장자리, 여백'이라는 뜻이지만 선거에서의 '표차'를 뜻하기도 하며, a margin of error(어 마아전 어브 에어러)는 '오차 범위'를 나타낸다.
반대로 win by a nose(윈 바이 어 노우즈)는 '가까스로 이기다'라는 의미다. '경마'에서 두 마리 말이 거의 동시에 결승선에 들어왔을 때 비디오 **리딩**(reading 판독)을 거친 결과, 말의 콧잔등 하나 차이로 **베얼리**(barely 간신히)하게 이김을 나타낸 것이다.

Will the candidate win by a landslide?
그 후보가 과연 압승을 거둘 것인가?

with flying colors
의기양양하게, 뽐내는 듯이

colors(컬러즈)는 colours로도 쓰며 선박의 국적을 나타내는 **플래그**(flag 깃발)를 뜻하기도 한다.

'의기양양하게'란 뜻의 with flying colors(윋 플라이잉 컬러즈)는 해전에서 승리한 영국 해군(British Navy)이 항구에 입항할 때 그들의 국기를 **매스트**(mast 돛대)에 달고 자랑스럽게 펄럭이며 들어오던 모습에서 유래했다.

Sally qualified for the race with flying colors.
샐리는 그 경주에서 당당히 예선을 통과했다.

YINBY
개발 찬성론자

님비(NIMBY)족에 대한 이야기는 뉴스나 신문에서 많이 보았을 것이다. NIMBY는 Not In My Backyard(낫 인 마이 배 캴드)의 머리글자를 딴 말로 '우리 뒷마당에는 절대 안 돼!'라고 하는 지역이기주의를 '비난하는 투의' 말이다.

예를 들어, 쓰레기 매립장(landfill sites), 양로원(nursing home), 노숙인 쉼터(homeless shelter), **크리머토어리**(cremaltory 화장장), 핵 폐기물 보관소(nuclear waste repository) 등 우리 사회에서 꼭 **너세서티**(necessity 필요)한 시설이고, 어딘가에는 세워져야 하지만 이런 시설들이 들어서면 당장 집값도 떨어지고 생활에 불편하니, 우리 동네에 들어서는 것은 싫다는 논리다.

최근 생긴 말 중에 반대로 Yes In My Backyard(예스 인 마이 배캴드)의 머리글자를 딴 YIMBY는 어차피 생겨야 할 시설이라면 **액티브**(active 적극적)하게 수용해 오히려 마을 발전의 계기로 삼자는 '역발상'의 개념이다. 마을에 혐오 시설인 **페니텐처리**(penitentiary 교도소)가 생기면 당장은 이사 오기를 꺼리고 집값도 내려갈 수 있지만 마을의 **레지던트스**(residents 주민들)가 교도소 안에서 **자브**(job 일자리)를 얻을 수도 있고, **비지테이션**(visitation 면회)을 오는 사람들이 많아지면 식당이나 호텔이 들어서 결국 동네가 발전할 수도 있다는 적극적인 의식 전환을 가리키는 표현이다.

NIMBY나 YIMBY 모두 대문자로 쓰지만 일반 명사화 되어, 이런 사고를 가진 사람을 Nimbies(님비즈) 혹은 Yimbies(임비즈)라고 하고, 이런 사고방식을 Nimbyism(님비이점), Yimbyism(임비이점)이라고 한다.

INDEX

나는 오늘부터
영어 단어를
읽기로 했다

초판 1쇄 발행 2019년 06월 25일
초판 2쇄 발행 2020년 08월 01일

지은이 박진호
펴낸이 김왕기

펴낸곳 **(주)푸른영토**
주소   경기도 고양시 일산동구 장항동 865 코오롱레이크폴리스1차 A동 908호
전화   (대표)031-925-2327
팩스   031-925-2328
등록번호   제2005-24호(2005년 4월 15일)

네이버검색   푸른영토
전자우편   book@blueterritory.com
홈페이지   www.blueterritory.com

디자인 푸른영토 디자인실

ISBN 979-11-88292-83-7   03320
ⓒ 박진호, 2019